馬力歷險記 I 之地球軸心（繁體字版）

The Adventures of Ma Li (I): The Time Axis (A novel in traditional Chinese characters)

B杜

Copyright © 2021 by B杜

All rights reserved.

No part of this book may be reproduced in any form or by any electronic or mechanical means, including information storage and retrieval systems, without written permission from the author, except for the use of brief quotations in a book review.

British Library Cataloguing-in-Publication Data. A CIP catalogue record for this book is available from the British Library.

ISBN 978-1-913080-57-0 (ebook)
ISBN 978-1-913080-56-3 (print)

For my Family

第1章・奇怪的早晨

早上,第一個喚醒馬力的通常不是雞鳴鳥叫,也不是偷偷灑進屋內的晨光,而是蠕動的腸胃。

"我餓了。"馬力喃喃道,然後起床梳洗。

每當這時候,空氣中往往已有食物的香氣,也許是母親前晚設定好的麵包機剛操作完畢,發出陣陣剛出爐的麵包香;也可能是白粥的味道,伴隨的還有煎蛋、香腸、炒青菜⋯⋯等混合味;再不然就是豆香,濃郁的豆漿配上燒餅油條,那滋味再好不過。

然而今天很詭異，馬力用力吸一口氣，什麼味道也沒有，真要說有什麼，大概是室內的灰塵味吧！

"媽，我餓了。"馬力穿著校服走進廚房。

"噢！餓了。"母親心不在焉，"想吃什麼？"

"有什麼？"

"消化餅乾。"

馬力覺得奇怪，母親一向重視早餐，認為早上吃得好，一天才有活力。

"也行。"馬力答。

他一邊吃著消化餅乾配牛奶，一邊覺得事有蹊蹺，父親竟然沒坐下來一起吃早餐？

馬力的父親是某家公司的行政人員，而公司又在城的另一邊，通常的情況下，他會跟著一塊兒吃早餐，好在送兒子上學後，能趕得上公司打卡。

"媽，爸呢？"馬力問。

"他……上班去了。"

"上班去了？怎麼不等我？"

"他上早班，很早很早就得去。你快吃，吃完我載你去學校。"

馬力的母親沒有汽車駕照，她只會騎兩輪的。

想到要在冷風颼颼的早晨頂風而行，馬力一百個不願意，但又能如何？

抵達學校後，馬力從電動車後座下來，肩上背著重重的書包。

"馬力～"母親喊他。

"什麼？"

母親摸摸他的頭，再摸摸他的臉，好像生離死別。

"媽，別這樣，有人在看我們。"

他的母親隨即住手，說："你是大孩子了，要好好照顧自己。"

馬力是個剛上初一的13歲男生，身材不高不矮，體型不胖不瘦，長相馬馬虎虎，成績不上不下……真要說有什麼突出之處，大概是他留著蘑菇頭，一副雌雄莫辨的樣子。

"媽,我得進校了,今天有小考,我想在考試前再抱一抱佛腳。"

"好吧!你進去,我看著你走。"

馬力進校後,走了約一百米才轉頭,一看,母親竟然還在大門口望著他。他揮了揮手,母親這才騎電動車離開。

第 2 章・不告而別

今天上語文課時,馬力不幸被老師點名默背曹操的《觀滄海》。

"東臨碣石,以觀滄海。水何澹澹,山島竦峙。樹木叢生,百草豐茂。秋風蕭瑟,秋風……蕭瑟……日月……星……"

由於沒背全,馬力被罰抄寫一百遍《觀滄海》。即使一整天忍住沒上廁所,連午飯也只扒了幾口,放學前他還是沒能寫完。

班代表說他可以回家完成,不過隔天交得寫兩百遍。

馬力想了想,這損失未免太大?一咬牙,他決定在學校關大門前把默寫趕出來。這一寫,天都黑了。

他急匆匆走出校門口，運氣好，沒兩分鐘便坐上公交車，不像平常，總得等上十幾二十分鐘。

"媽，我回來了，有什麼吃的？"馬力邊喊邊跋上拖鞋。

回覆他的是一室的冷清。

馬力分別打給父母，可惜都處於關機狀態。這時的他還沒察覺有異，默默進房間寫功課，又彈了會兒琴，發現肚子太餓後，泡了碗方便麵，草草把晚餐給解決了。

等他做完半張數學考題，再從趴著的桌上驚醒過來（沒辦法，中間開小差打了個盹），時間已是凌晨兩點，而父母還沒回家，他才開始感到害怕。

雖然母親今早的言行有些古怪，父親也破例沒和他一起吃早餐，但這些都不該是"不告而別"的徵兆，不是嗎？

當班主任問他為什麼不第一時間報警或告訴學校時，馬力嚅嚅地答："我以為他們很快會回來。"

事實證明馬力的父母打從那天起便消失了，如果不是後來因為過度飢餓而在校長晨間講話時暈倒,估計沒人會發現馬力已經獨自居住近一個禮拜了。

"你有没有其他親屬的聯繫方式?"班主任問。

"没有,我父母都是孤兒。"

班主任以為馬力說了個大謊話,心裏挺不高興的,但核實過後發現這就是實情,不禁犯難,眼下沒人能照顧這個未成年人,這事該不會落在自己頭上吧?!

還好社工人員很快介入,在房東趕人前,及早收了馬力。

"我走了,萬一我父母回來了怎麼辦?"馬力問社工姐姐。

"不用擔心,他們一回來,警察會立刻通知你。"

馬力後來住進了未成年人福利院,一待就是兩個月,這期間警察一次也沒找過他,倒是有不少閒言閒語鑽進他耳朵。有人說馬力的父母欠下巨額債務,所以遠走高飛;又有人說他們被綁架了,只要贖金到位就能重獲自由;更扯的是,還有人說他們信仰了某種神秘宗教,正在世界上的某個角落修行……

這些都不是馬力腦海裏的父母形象，他們馬家雖然不富有，但家庭氛圍一向融洽，父親是兢兢業業的白領，母親是任勞任怨的家庭主婦，沒有什麼亂七八糟的社會關係。

當社工姐姐告訴他有個很友愛的家庭想收養他時，他感到很不可思議。

"我自己有家，為什麼要到別人家裏去？"他問。

"你還不能回自己的家，因為……"她停頓了一下，"不說了，不說了。咳、咳、這個福利院不大，昨天又進來幾個，都是小弟弟小妹妹們，你能不能……能不能先去別人家住上一段時間？我會做家庭回訪，如果你不開心，任何時候都可以回來。"

這個福利院救助的都是"暫時"沒人照顧的未成年人，倘若真的無父無母，進的是孤兒院，而不是福利院。這讓馬力稍感安慰，因為他堅信自己的父母一定會回來，然後與他重新過上和和美美的生活。

"如果我去了別人家裏，萬一我父母回頭找我，妳一定要馬上通知我哦！"馬力說。

"會的,我會第一時間通知你。"社工姐姐答。

第 3 章・一個神秘的家庭

收養家庭來接馬力時,開的是一輛有些年代的房車,車上坐著的除了方臉大叔和悲傷阿姨外,還有三個和他年齡相仿的孩子。

"馬力,我們是一個很友愛的大家庭,歡迎你的加入。"

說話的是這個家的男主人,臉型方方正正的,所以馬力給他取了個外號叫"方臉大叔"。通常擁有這種臉型的人看起來會比較嚴肅,但他是個例外,很平易近人的樣子。

馬力的右手邊此時坐著一位戴眼鏡的男生,年齡看起來比他小,一副營養不良的樣子；後座坐的則是一對雙胞胎姐妹，留著同樣的髮型，穿著也一樣。

"我⋯⋯我其實不確定要不要加入。"馬力怯生生地答。

悲傷阿姨說："現在後悔晚了。"

馬力問什麼意思？他邊上的男孩子告訴他，就是上了賊船的意思。

然後馬力聽到咯咯咯的笑聲，他轉過頭去。

"我媽很少說話，一旦說了，每句都是經典。"

"沒錯，她不說廢話。"

這時馬力終於能分辨她倆，一個聲音細高，另一個聲音低沉。

"社工姐姐說她會做家庭回訪，只要我不開心，任何時候都可以回去。"馬力挑明了說。

此話一出，車內的氛圍馬上不對，馬力還看到悲傷阿姨給方臉大叔使了個眼色。

"馬力，"方臉大叔開口了，"社工有沒有說什麼時候做家訪？"

"沒有，應該是不定時抽查，這樣才有準確性。"

坐在旁邊的眼鏡男孩"歐歐"兩聲，馬力問他什麼意思？

"就是大事不好的意思。"他答。

這個回答讓馬力的心情down到谷底，顯然方臉大叔一家都不是善類，所以害怕社工人員登門拜訪。

"我學過跆拳道和空手道，反應很靈敏。"馬力說，希望多少能扼止他們想欺負人的念頭。

"太好了，我們需要這樣的人才。"悲傷阿姨答。

第4章・初到葛家

車子在重重山巒間穿梭,最後停在一棟貌似廢棄的工廠前,目測方圓百里杳無人煙。

"這是哪裏?"馬力左看右瞧,"我學過跆拳道,也會空手道。"

"我學過跆拳道,也會空手道。"那對姐妹花邊學他說話邊咯咯咯地笑,讓馬力很不是滋味。

"馬力,"方臉大叔走了過來,"這是你以後要住的地方,開心點兒。"

馬力心想這要如何開心?住的地方像難民營,而同住的人又怪怪的,自己簡直背到極點。

"把門打開吧！免得嚇到孩子。"悲傷阿姨說。

果然門一打開，馬力立馬改觀，裏面不破不說，還很有現代工業風格。

方臉大叔隨即要眼鏡男孩幫著把行李搬到樓上房間。

"我和你住同一間房？"馬力問男孩。

"是的，你睡上舖，因為我偶爾會夢遊，睡上舖不安全。"

馬力沒遇到過會夢遊的人，他以為那是故事裏才會有的情節。

由於房間在二樓，他們兩人合力把行李抬上去，並且將東西各就各位。

"你叫天馬？"馬力問。

"為什麼這麼問？"

馬力指著書架上《十萬個為什麼》的首頁，答："這裏寫著呢！"

"你猜錯了，我不叫天馬，而叫行空。"

馬力問他為什麼要簽上不同的名字？行空反問："看到'天馬'二字，你想到什麼？"

"行空。"

"這不就對了？"

馬力頓時無語。

"你想不想知道其他家庭成員的名字？"行空接著問。

"你想說，我便聽著。"

然後馬力知道方臉大叔叫葛立，悲傷阿姨叫巫咘良，雙胞胎姐妹一個叫叮叮，另一個叫咚咚。

"你家人的名字都好……好特別啊！"馬力說。

"你不也是？路遙知馬力、馬力十足、超級馬力……"

馬力沒告訴他，自己父親的名字更特別，叫馬奮（諧音馬糞）。就因為名字沒少被取笑，馬力的父親對取名一事非常上心，沒想到選來選去選了個雞肋，除了好記上口外，他看不出有任何遠大的寓意。

"你家什麼時候吃飯？"馬力問。

"怎麼，你肚子餓了？"

"嗯！"

"先給你打個預防針,我家吃飯很暴力,你得習慣才好。"

第5章・地下車庫

有部電影叫《肖申克的救贖》,影片中羈押犯人的牢房在監獄的兩側(分為上下兩層),中間走道挑高,當典獄長和管理人員走在上面時,那叫個叱吒風雲、虎虎生風……

不知為什麼,眼前的這棟房子讓馬力聯想到監獄牢房,也許因為它同樣是高挑設計,房間又在左右兩邊,漆的顏色選的也是讓人生無可戀的鐵灰色,加上採光差,有種冰冷的氣息。

還好屋內的軟裝算不錯,沙發看起來很柔軟,桌椅用的是實木,其他諸如電視、冰箱、空調、熱水器……等皆有,不致讓馬力太心力交瘁(無家可歸已經夠可憐的了，如果住的地方再不好，馬力會有江河日下的挫敗感）。

行空說他家吃飯很暴力，馬力以為這家人會為了食物大打出手，結果不是。

"馬力，你怎麼不吃？"方臉大叔問。

"我……吃。"

馬力是個13歲少年，這個年紀的男孩子正在長身體，很容易肚餓，但馬力一看到這家人的吃相，食慾全無。

"給！"悲傷阿姨把一隻鵝腿扔給他，自己則左右開弓，吃完茄汁豆子，緊接著吃咖哩飯，兩手油膩膩的，時不時還發出咀嚼的聲音。

"請問……"馬力說。

全家停下吃飯動作，連咀嚼的聲音也停止下來。

"請問有筷子嗎？如果沒有，刀叉也可以。"

"有手要那破玩意兒幹啥？"悲傷阿姨答。

馬力以為身為文明人就不該用手吃飯，但顯然這個家庭不這麼認為。

"馬力,"方臉大叔開口了,"如果你需要筷子或刀叉,我可以給你,但用手吃飯的樂趣你就享受不到了。"

"免了,我還是想當文明人。"

"那好,你自己去取,就在車庫的工具箱裏。"

馬力覺得奇怪,明明是廚房用品為什麼放在車庫?何況還擱在工具箱裏。

"好,我去取。"馬力起身。

如果不是進屋前的臨時一瞥,馬力不會知道車庫在地下室,只是要如何從屋內下到車庫?

馬力在屋內轉了一圈,依然毫無頭緒。

"在玄關的鏡子後面。"行空點醒他。

玄關處的牆壁上鑲嵌著一面全身鏡,馬力以為背後是衣櫃或鞋櫃,沒想到竟是地下室通道。

他拉開鏡子,果然看到一個旋轉式的樓梯向下,最底層似乎泛著藍光。

馬力有些膽怯,很想打退堂鼓,但又害怕被取笑。一咬牙,他決定當一個頂天立地的男子漢，這才不愧他曾學過跆拳道和空手道的事實。

就在轉了十幾圈的旋轉樓梯後，馬力終於抵達地下室，同時發現這裏除了停放方臉大叔的房車外，有大半的空間都被水族箱所佔據，而藍光正來自水族箱。

"哇！好像海底世界啊！"馬力驚歎。

他對魚類的認識不多，隱約能分辨出這是斑馬魚、那是小丑魚，其他還有章魚、帶魚、鯊魚、蝠鱝、鯨......

馬力越細數越感覺害怕，這個地下室了不起就兩百平米大，怎麼容得下那麼多的魚（尤其還包括體型巨大的鯨）？

他向前一步，將眼睛貼近玻璃牆，這次他看出來了，水族箱連著大海，難怪有大型海底生物。

"奇怪，來時路上只看到山，没看到海，難道我錯過什麼了？"馬力想著。

觀賞完形狀各異且色彩繽紛的大小魚類後，馬力拿上自己需要的餐具，轉身回到地面。

第6章・轉學

由於搬去和收養家庭同住,原來的學校對馬力來說太過遙遠,轉學成了無法避免的事。

班主任聽聞,善心地為馬力辦了一場歡送會,大家玩得很盡興,如果不是班代表提議讓每位同學都對馬力說一句離別感言,馬力會以為這是一個圓滿的結局。

"我會永遠懷念你的髮型,像個馬桶蓋似的,哈哈!"

"到了新學校,可別再當隱形人了。"

"如果我是個女的,也許會愛上你,問題是我不是。"

"多了一個你,我感覺不出來;少了一個你,我還是感覺不出來。"

"其實我挺不希望你離校,你一走,我成了班上數學最差的那一個。"

......

後來還是班主任急救場,她說今天下午全校大掃除,歡送會就到此結束,還把丟垃圾的工作交給馬力,好讓他離校前能再多看學校兩眼......

馬力等同學們都離開後,才把兩大袋垃圾拖到垃圾場。

"怎麼又是你?你該不會是班上的勞動委員吧?!"校工問,他正把垃圾運上車。

"如果是勞動委員就好了,我會命令別人丟垃圾。"馬力生氣地答。

校工說其實丟垃圾是個美差,不過是搬運而已,別人比較慘,還要擦白板、掃地、抹窗戶......如果讓他選,他會選擇丟垃圾。

"你大概是今天唯一一個對我說好話的人,也罷,反正明天不來這個破學校了。"

"你去哪裏?"

"我轉學到一個離海近的地方。"

"遠嗎?"

"說遠不遠,離這裏大概三個小時車程。"

校工停下手中動作,很嚴肅地告訴他,開車三個小時絕對看不到海,除非坐飛機。

馬力搖搖頭,他說肯定看得到。

"好吧!祝你在海邊學校過得愉快。"校工說。

"謝謝!也祝你撿垃圾愉快。"馬力答。

第7章・巫老師

悲傷阿姨的名字叫巫咻良，但馬力還是喜歡叫她悲傷阿姨，因為她看起來總是很悲傷。瞧！眉是八字眉，眼是逆鳳眼（眼梢朝下），加上外擴的顴弓及很少上揚的嘴角，給人一種日常生活很不如意的感覺，彷彿時刻都有重擔壓在她身上。

馬力很不喜歡和這樣的人打交道，偏偏她是這個家的家庭主婦，再怎麼躲避也逃不掉。這可不，當馬力把使用過的餐具拿去清洗時，悲傷阿姨問道："明天中午帶飯，你想吃什麼？"

馬力原來的學校有個大食堂，全校師生都在裏面吃飯，他以為每個學校都如此，顯然新學校不具備這個條件。

"嗯……我想吃紅燒排骨、京醬肉絲、西檸雞、咕咾肉，對了，飯給我多一點兒。"

"沒有。"

"什麼？"

"中午帶飯只帶三明治，裏面的料可以自選，像是起司、煎蛋、白水煮蛋、生菜、蕃茄、黃瓜、火腿、香腸等，選擇性很多。"

"冷的？"

"當然。"

馬力忽然沒了力氣，他以為到了收養家庭，一切都會漸入佳境，沒想到急轉直下，連飯都吃不好。

"三明治不耐餓呀！"馬力說。

"給你兩個？三個？四個？"

"算了，給一個吧！料全要。"

隔天吃完早餐，悲傷阿姨給每個孩子一個袋子，馬力感覺自己的袋子沉甸甸的。

"中午吃三明治。"上車後，坐在馬力身旁的行空說。

"我知道，我不喜歡吃冷掉的三明治。"

"巫老師喜歡吃，你可以跟她換。"

"巫老師？"

"她是你的老師，也是我們的老師。"

馬力迷糊了，他以為行空的歲數比他小，就算與他同齡，他的兩個姐姐總不致於和他同一個年級吧？！

答案在十分鐘後揭曉。

"葛叔叔，這是教堂啊～"馬力把"啊"字拉長，因為感覺太不可思議了。

"沒錯，是教堂。這裏的位置偏了點兒，加上方圓百里內的人家都搬走了，只剩我們這戶，所以把它拿來充當教室。放心，不會有教友上門。"

馬力倒希望有教友上門，這樣他就能在正常點兒的地方上課了。

"你是不是很緊張？別害怕，巫老師很和藹。"行空說。

巫這個姓氏讓馬力聯想到巫婆，收養家庭裏已經有個姓巫的，沒想到上學還是碰上姓巫的，馬力覺得自己的運氣也太差了。

"看!"行空拉拉馬力的衣袖,"那就是巫老師。"

教堂門口出現一位身材纖細的女性,她有及肩的長髮及甜美的笑容,像鄰家大姐姐一樣可親。

馬力立即背起書包,第一個衝上前去。

第 8 章・神族傳說

"今天有新同學加入,我們請他做自我介紹。"巫老師說完,率先鼓掌。

馬力走到聖壇台前,背後是管風琴,底下是一排排的木頭椅。他的心情很緊張,彷彿自己是主持彌撒的神父。

"別害羞,想說什麼就說什麼,不然唱首歌也行。"巫老師善心地提醒。

馬力不想唱歌,只好說話,可是說什麼好呢?

"我叫馬力,白馬王子的馬,力大無窮的力。本來我有個家,有一天爸爸媽媽不知上哪裏去了,大人們把我放進福利院裏,然後有個家庭收養我。這個家庭離我原來的家很遠,所以我轉學到這裏來。"

"你可以談談你的個性和愛好。"巫老師插上一句。

"我比較喜歡觀察,不喜歡出風頭,至於愛好⋯⋯不知吃東西算不算?"

此時叮叮、咚咚兩姐妹笑得前仰後合,馬力感到難為情極了。

"算,當然算,"巫老師適時伸出援手,"有人還吃出名堂,譬如梁實秋先生就曾出版一本有關吃的散文集,書名是《雅舍談吃》。"

馬力知道這個人,課本上說他是一位大作家,還是個教授,這樣的人離他很遙遠。

"我⋯⋯我只是愛吃而已。"馬力說,不希望老師對他抱太大的期望。

然而話一說完,他又聽到咯咯咯的笑聲,不用猜,鐵定又是雙胞胎姐妹在取笑他。

"愛吃好,不是每個人都有好口福。"巫老師說。

馬力感覺這個愛笑的女老師簡直是上天送來的禮物，所說的每句話都那麼中聽、彷彿一隻溫柔的手輕輕拂過他敏感的心靈……

"好了，新生介紹到此為止，我們現在開始上課。叮叮，請把燈關了。"

叮叮是雙胞胎姐妹中的姐姐，聲音細高，如果放在合唱團裏，肯定唱高音部。

燈關上後，很快聖壇後的牆壁亮起，原來巫老師使用投影片上課。

"這個人是誰？"巫老師問。

"希特勒。"除了馬力，其他三名學生齊答。

於是巫老師點名馬力，問他是否知道這個人？

投影片中的人是個白人，大鼻子，有一雙爆突的金魚眼，不過他認出他來還是因為那人留著方塊鬍，像在鼻子下方貼了塊黑色創可貼。

"知道，他是希特勒。"馬力答。

"很好，"巫老師點了點頭，"希特勒是納粹黨頭子，他認定雅利安人是他所屬的日耳曼民族的祖先，而傳說中雅利安人是神族的後代。在他的邏輯裏，只要借助種族淨化手段，比如選擇性繁殖、屠殺非日耳曼人等，就可以恢復原有的神力，到時候就可以組建一支無堅不摧的神族部隊。"

馬力聽完噗嗤一笑，導致在場所有人都盯著他瞧。

"對不起，請繼續。"馬力喏喏地說。

"在希特勒的授權下，有一支德國黨衛軍被組建起來，並且於1938年第一次秘密潛入西藏，因為傳說西藏人也是神族的後代，而地球軸心就隱藏在西藏高原之中，找到它，不僅可以獲得神奇的力量，還可以掌控時間，成為整個地球的主宰。"

馬力聽完還想笑，但這次他克制住了。

"這就是這次的任務？"咚咚問，她是雙胞胎姐妹中的妹妹，聲音低沉，如果放在合唱團裏，肯定唱低音部。

"是的。"

然後馬力聽到其他三個孩子同時發出"嗯~"的聲音，像在思考什麼。

"馬力，你加入嗎？"巫老師問。

"加入什麼？"

"加入這個任務。"

"什麼任務？"

然後行空告訴老師，馬力是新人，也許這次就不加入了。

"没關係，"巫老師對馬力微笑，"等熟悉了再加入也不遲。"

第9章・生龍活虎

巫老師的上課方式很隨性,想上什麼就上什麼,雖然不使用課本,但教學工具倒是很齊全,除了投影機外,馬力還看到白板、電腦、電視機、碟影機、鋼琴、瑜伽墊……等。

上午的課在介紹完借貸概念後算是結束了,巫老師在聖壇上鋪了一塊綴滿碎花的野餐布,然後要大家都坐下來吃飯。

"有時我們會到外面吃。"行空對馬力說。

馬力慢吞吞地把午餐袋裏的食物拿出來,這才發現悲傷阿姨給了他一個巨無霸三明治,大概因為他要求加上所有的料。

正當他不知如何下口時，巫老師回來了，手裏捧著加熱過後的盒飯，香味撲鼻。

"馬力，你怎麼還不吃？"巫老師問，同時坐了下來。

"我……我不喜歡吃三明治。"

"我喜歡三明治，尤其是大姐做的。"

"大姐？悲……巫阿姨是妳姐姐？"

"是的，他們，"巫老師看著其他三名學生，"是我的外甥和外甥女。"

馬力想著難怪她也姓巫，不過這差距實在太大了，一個是悲傷阿姨，另一個卻是笑臉老師。

"你吃嗎？"巫老師看著馬力手中的三明治，"如果不介意，我們可以交換。"

馬力當然不介意，他恨不得吃上一口熱飯，尤其還是笑臉老師的飯。

交換過後，馬力傻眼了，飯盒是上下兩層，上層有紅燒排骨、京醬肉絲、西檸雞、咕咾肉，下層是一整盒的白米飯。

"怎麼了？"巫老師問。

"沒什麼。"

馬力答完，拿起"筷子"狼吞虎嚥起來，心想還好巫老師不像葛家人，否則他得用手抓飯吃。

下午的課依然隨性，叮叮說想唱歌，巫老師便坐下來彈琴。這一唱，唱了近一個小時，還好唱歌很快樂，馬力沒有抱怨。

"你們還想上什麼？"巫老師闔上鋼琴蓋問。

由於學生保持沉默，於是她自作主張上藏文課。

馬力感到很不可思議，他非常確定中學生的學習科目中沒有這一項。

奇怪的是一上起課來，他立刻愛上，因為藏文看起來像跳舞的線條，而且發音很神秘，有濃濃的西域風情。

"好了，今天的課就上到這裏，希望你們都學習愉快。"巫老師微笑著說。

馬力再度感到不可思議，現在才下午三點半，換作他以前的學校，不到五點不能回家，初三生更慘，還要留下來晚自習。

當巫老師把學生都送到教堂外時,方臉大叔的房車已經在那裏等候。

"巫老師再見!"

"再見!孩子們。"

馬力走了幾步,再回頭,教堂的門已經關上,心中不免鬱鬱,他以為還能再次看到那張笑如春風的臉。

"哎!我真傻,明天不是還能再見面嗎?"

這麼一想,馬力又生龍活虎起來。

第10章・學富五車

"馬力,今天的課上得怎樣?"方臉大叔問。

"很好,只是……"

此時餐桌上的兩大三小同時停下吃飯動作,齊刷刷看著他,害馬力拿著筷子的手也停在半空中。

"只是老師不留作業很奇怪,我擔心自己中考時考不到好成績,上不了好學校。"馬力答。

"你不參加中考,除非……"

方臉大叔把悲傷阿姨講到一半的話給截了去,說:"除非流失的人口又回來,否則這裏不會再設立學校，也就是說巫老師會教你們直到高中畢業為止。"

這下子馬力擔心的不是上不了好高中，而是上不了好大學。

"其實不留作業的作業才多呢！"悲傷阿姨啃完豬大骨，趁啃豬小骨的間隙補上一句。

馬力問什麼意思？他邊上的行空代答："就是功課很多的意思。"

吃完飯，大家分別洗自己的餐具。馬力比葛家人多出一雙筷子，但他不介意，因為當文明人對他來說很重要。

在他看來，這家人不壞，就是吃飯像野人，這讓他聯想到為什麼悲傷阿姨只準備三明治當學校午餐，因為可以用手抓著吃呀！

"叮鈴鈴……叮鈴鈴……"茶几上的鬧鐘響了，咚咚走過去把它按掉。

然後馬力看到行色匆匆的四個人，方臉大叔進了白色門的房間，悲傷阿姨進了灰色門的房間，雙胞胎姐妹則上樓，她們的房門是藍灰色的。

"走,"行空拉一下馬力,"我們也回房。"

"幹嘛?"

"學習。"

馬力和行空的房門是墨青色的,像中國山水畫裏會有的顏色,昨天搬家時馬力倒沒留意到。

一個小時過去後,除了翻看幾篇古文,馬力什麼也沒做。

"嘿!你在做什麼?"馬力轉頭問行空,他倆的書桌呈倒L型,分別面對牆壁。

也難怪他會好奇行空在做什麼,以前老師總給很多功課,讓馬力應接不暇,現在新學校不給功課,他反倒無所適從。

"我正試著找出藏文和梵文之間的差異,上個月老師曾教過我們梵文。"行空答。

"找到沒?"

"只查到一點兒皮毛。"

閒來無事,馬力要他說來聽聽。

行空推一推架在鼻樑上的黑框眼鏡,說:"藏文的起源有兩種說法,佛教學者認為是吐蕃國王松贊干布派遣語言學家到北印度學習，回國後引用梵文字母所創建的；苯教學者則不以為然，他們認為藏文完全是從象雄文演變而來，至於梵文，它是印度雅利安語的早期名稱，也就是印度的古文。我個人的看法是藏文並不是仿照婆羅馬，而是仿照笈多，即所謂的天城體。在字體和語法上，藏文和梵文有相似性，但不同大於相同。"

馬力聽得一愣一愣的，他以為只有專家級別的人才會說出這樣的話。

"你說的，我沒全聽懂。"馬力說。

於是行空用更淺白的方式表達："這兩種語言屬於不同的語系，當時西藏人為了保持佛教的經典原意，翻譯時照搬了很多梵語的語序、詞性和句法，所以有'梵藏兩種語文是叔伯兄弟'的說法，但兩者間的差異其實還是很大的。"

行空這一解釋，馬力覺得自己又矮了半截。

"你能教教我怎麼學習嗎？"馬力不恥下問。

"我無法教你，你得自己摸索。網上有很多資料可查，不行的話，家裏還有圖書館。"

"圖書館？"

"没錯,我帶你去。"

第11章・家庭圖書館

葛家的地下圖書館入口處不在玄關，而在樓梯底下，馬力一直以為那是儲藏室。

門開了之後，馬力又看到旋轉式樓梯，最底層似乎燈火通明。

"圖書館隨時有人進出，所以一直開大燈。"行空似乎讀出馬力的疑問，主動告知。

他們踩著樓梯往下，不過轉了三圈便來到圖書館。

"哇！這麼多書！"馬力驚歎。

與葛家的地下車庫不同，這裏大得彷彿不能一眼望到底，成了名副其實的書海。

馬力心想這家人也太愛讀書了，不僅擁有藏書豐富的家庭圖書館，為了方便坐下來閱讀，還擺了張長桌子，甚至配備了專用梯，好夠得著上層的書籍。

"Gewu，《伊索寓言》放哪裏？"行空問機器人。

"跟我來。"

如果不是機器人指引，他們絕不可能那麼快就找到，這個圖書館簡直太先進了，可是馬力心中還有疑問。

"行空，你為什麼叫機器人'鬼屋'？"馬力問。

"哈哈！不是鬼屋，而是'葛巫'，我爸姓葛，我媽姓巫，合起來便是'葛巫'。"

馬力聽完鬆了一口氣。

回到房間，行空又一頭埋進學習當中。

沒了說話的人，馬力只好把電腦拿出來，思考一下後，他打下"希特勒和神族傳說"八個字。

這一查，數小時過去了，連行空何時上床睡覺，馬力都渾然不覺。

第12章・巧合

馬力剛在上舖躺下,行空便在下舖爬起。

"你去哪裏?"馬力問。

行空好似聽不見,開門走了出去。

過了幾分鐘,行空回來了。

"你喝水去了還是上廁所?"馬力往下探頭再一問。

行空依然沒有回答,閉著眼睛呼呼大睡,倒是嘴角的巧克力印子洩漏了秘密。

"真搞笑,竟然半夜偷吃巧克力。"馬力心想。

隔天，馬力問起偷吃一事，行空一副茫然的樣子。

"你摸摸嘴角，那裏還有巧克力的痕跡。"馬力提示。

行空一抹，果然是巧克力。

"天呀！我又夢遊了。"

"你不知道自己夢遊嗎？"

"如果知道就不叫夢遊了，而叫'半夜覓食'。"

馬力想想也對。

吃完早餐，悲傷阿姨給每個孩子一個午餐袋。

"好希望中午能吃到豬肝燴飯，那是我媽的拿手好菜。"馬力說。

行空要他死心，因為葛家人不吃動物內臟。

等馬力看到站在教堂前準備迎接他們的巫老師時，他才把吃不到豬肝燴飯的壞心情給扔在一旁。

"孩子們，今天又是朝氣蓬勃的一天，你們想先上什麼課？"

巫老師一說完，一隻手舉起。

"馬力，你說。"

"能談談亞特蘭蒂斯嗎？"

"當然可以，不過你為什麼對它感興趣？"

"其實我是對神族感興趣，聽說亞特蘭蒂斯人具有超能力，即所謂的神族，所以……"

昨晚，馬力為了了解希特勒和神族傳說之間的關係，花了數小時查找資料，以致很晚才上床。

巫老師露出神秘的笑容，答："傳說的確如此，既然你問起，那麼今天我們就來談談亞特蘭蒂斯。咚咚，妳能把燈關了嗎？"

這個教堂的採光很差，白天若不開燈，很像大陽下山而月亮還未升起時的灰暗天色。

當燈關上後，很快聖壇後的牆壁亮起，巫老師又使用投影片上課。

"這是歐洲地圖，"巫老師用筆指向地中海的左端，"這是直布羅陀海峽。傳說亞特蘭蒂斯就位於這附近的某個島上，不過現在已經無法在地圖上找到，因為在一次大地震中，它已經沉入海底。"

巫老師接著換上另一張投影片，說："這是後人根據傳說所繪製的示意圖。瞧！島上風和日麗，物產豐富，宮殿鑲滿了耀眼的黃金和寶石，繁忙的港口有船隻進進出出，天空還有類似飛機的神秘飛行器⋯⋯要知道，同時代的人們還處在舊石器時期，每天穿著獸皮打獵。這樣對比下來，亞特蘭蒂斯的確創造了極為輝煌的史前文明，難怪稱為神族。"

"也⋯⋯也許傳說只是傳說而已。"馬力囁囁地說。

巫老師又笑了，她答也許不只是傳說，公元前350年，古希臘哲學家柏拉圖就曾在自己撰寫的《對話錄》中提到這個神秘國度。若要實證也有，1898年，人們意外在葡萄牙西部海域發現海底金字塔，法國地質學家對此曾進行研究，得出的結論是早在人類文明出現前，歐洲和美洲之間"極有可能"曾存在一個大陸，後來經過地質變遷，漸漸沉沒到海底⋯⋯

行空推一推他的黑框眼鏡，說："傳說中還提到僥倖存活下來的亞特蘭蒂斯人後來來到埃及，從而有了金字塔、木乃伊以及古老的象形文字，另有一批人則到了印度西北部和中國西藏。"

"是有這個假說，"巫老師點頭，"它甚至引發了第二次世界大戰，部分起因正是希特勒認定日耳曼民族是後來那批逃往印度西北部並居住下來的雅利安人後代。既然是神族後代，他便想把失去的神力給拿回來，以便再造輝煌！"

此時馬力又舉手了。

"馬力，以後發言不需要舉手，我們是小班教學，輕鬆點兒。"巫老師說。

從小到大，馬力被教育在課堂上發言一定要先舉手，現在不舉手就能發言，他感到很不適應。

"我⋯⋯我⋯⋯"

馬力又聽到雙胞胎姐妹發出咯咯咯的笑聲，想必正取笑他不舉手就說不出話來。

"昨天上課提到地球軸心，我很好奇為什麼它會被認定位於西藏，而不是埃及或印度。"馬力很流利地表達，算是對雙胞胎姐妹的反擊。

巫老師答這便是此次的任務。

馬力問什麼意思？行空代答："就是發現它，解決它，再接受它的意思。"

上午的課在做完幾個瑜伽動作後結束了，巫老師又把碎花野餐布鋪在聖壇上。

馬力無力地把午餐拿出來，這個冷凍三明治讓他食慾大減。

"馬力，你是不是又不想吃三明治？"巫老師問。

他點點頭。

於是巫老師要他到廚房間取她的盒飯，放在微波爐內加熱三分鐘即可。

當馬力回來時，巫老師正吃著原本屬於他的三明治，很津津有味的樣子。

"怎麼站著？快坐下來吃。"巫老師對他說。

馬力坐了下來，邊吃邊納悶，因為巫老師準備的正是他想吃的豬肝燴飯。

第13章・月圓之夜

當茶几上的鬧鐘響起,馬力主動站起,往房間走去。

一個小時過去後,馬力的目光離開藏文,轉頭問行空:"嘿!你在做什麼?"

"我在研究能量守恆定律。"

馬力學習累了,正想休息一下,要他不妨說來聽聽。

"簡單地說,能量既不會憑空產生,也不會憑空消失,它只會從一種形式轉化成為另一種形式,或者從一個物體轉移到其它物體,而能量的總量保持不變。"

雖然已經簡單描述了,但馬力還是聽不明白,行空只好舉例說明:"假設整個能量體系是一個裏面裝滿小籃子的大籃子，每個小籃子裏面有數量不等的橙子。所謂的能量轉化便是把橙子從這個小籃子搬到另一個小籃子裏，不論怎麼搬，整個大籃子的橙子數不變，這就是能量守恆定律。"

馬力感覺這個瘦小男孩的腦袋一定與常人不同，連那麼艱深、晦澀、難懂的東西，他也能消化進去。

"行空，你的兩個姐姐也像你一樣聰明嗎？"馬力問。

"她們擅長的，我未必會。"

"那麼你爸媽呢？他們躲在自己的房間裏幹嘛？"

"學習。"

雖然活到老學到老，但兩個中年人每晚固定學習什麼？馬力實在太好奇了。

"對了，你爸媽除了學習之外，還做什麼工作？我指的是有收入的那種。"

行空說每當月圓之夜，羊駝都會叼東西過來，可能是黃金，也可能是鑽石，最多的是寶石，五顏六色的。靠著變賣這些東西，他們從來不需要擔心錢的問題,所以他的父母也無需外出工作。

"真的假的?"馬力睜大眼睛問。

"如果不信,當月又圓時,你多留意屋外信箱就知道。"行空答。

馬力站起來,從小小的窗戶望出去,黑色天幕上的月亮像個銀鈎似的,不免有些小失望,這還得等上半個月才能見到叼著金銀珠寶的羊駝。

"行空,你家有信箱嗎?"在柔弱的月光下,馬力隱約只看到半人高的木柵欄和一棵高聳入雲的樹。

"有啊!就是那棵橡樹。它的腰際曾被啄木鳥啄了個大洞,我媽把它裝飾起來當信箱,不仔細看可能看不出來,但郵差是知道的。"

馬力心想這方圓百里內的人都搬走了,哪怕只是一封信,郵差也得千里迢迢送到,真是辛苦!

"馬力,你學習得如何?"行空突然問。

馬力離開窗戶,回答還行。

"書到用時方恨少,你得加緊學習才行。"這個小個子男孩說。

第14章・市集

轉眼一個禮拜過去了,方臉大叔在晚餐時間要馬力發表感言。

馬力不知該不該說實話,最後還是決定讓大家都開心。

"我還好,以後會更好。"他答。

方臉大叔點頭讚許馬力的心態很好,還說每個人都應該保持樂觀態度,這是向上的動力,也是活力的泉源。

馬力也覺得自己的心態良好,換上別人,恐怕一天都待不下去,因為這個家庭和四周圍的一切都挺怪異的,好比睡下舖的行空,他每晚都會夢遊,短則幾分鐘,長則一、兩個小時;再說巫老師,她彷彿有心電感應,總能猜到他想吃什麼，並且提早做好準備，如果哪天飯盒裏的東西不是馬力想吃的，他反而要驚訝了。

"爸爸，明天是週末，我們到哪裏玩？"叮叮問。

"這個家來了個新成員，我們問問他的意見。"

然後十隻眼睛齊刷刷對準馬力。

"我……隨便。"他答。

"這個家不隨便。"悲傷阿姨說。

"那麼……我想看看大海。"

方臉大叔面有難色，他說最近的海要翻山越嶺才能抵達，逢長假時再去比較合適。

馬力覺得奇怪，地下車庫裏的水族箱明明連著大海。

"可是……"

馬力話還沒說完，悲傷阿姨提起這週末鎮上有市集，葛家孩子隨即歡呼雷動起來。

"市集是做什麼的？"馬力問。

方臉大叔告訴他，市集是小地方做為貿易的臨時場所，以販賣農產品、舊貨及廉價雜物為主。

"市集上有賣望遠鏡嗎？"馬力又問，因為他想起皎潔月光下的羊駝。

"你可以找找，也許有。對了，每當鎮上有市集時，葛家孩子都能為自己挑選禮物，你也是。"

此時的馬力已經把大海丟在一旁，他想好好逛一逛市集，如果能買到望遠鏡那就更好了。

第15章・賣椰子糖的老爺爺和他的望遠鏡

隔天陽光普照,是出遊的好日子。

用完早餐,馬力和葛家人大包小包地上車。按照計劃,逛完市集後,他們會開往一個叫"彩虹谷"的地方遊玩。

"馬力,你興奮嗎?"方臉大叔邊開車邊問。

行空搶答:"他興奮死了,在床上翻來覆去,害我睡不好覺。"

馬力以為自己的小秘密不會被發現,結果被行空給捅破了。

"這是我第一次在房車上過夜,所以有小激動,只是……"

"只是什麼?"後座的叮叮問。

"只是我們一行有六個人,我擔心不夠住。"

也難怪馬力會擔心,方臉大叔開的家庭房車不是加長型,光座椅就佔了整輛車的3/4,加上必備的廚房和衛浴,他們要如何睡覺?

"我們有帳篷啊!"後座的咚咚答。

悲傷阿姨插上一句:"我們一家的露營經驗豐富,你不用擔心。"

這下子馬力終於能放下心來,他原以為兩大四小會像疊羅漢一樣地擠在狹小的空間內。

車子搖搖晃晃了數十分鐘後,終於來到鎮上,一下子看到這麼多人,馬力彷彿重回人間。

"現在是上午9:35,11點前你們都要回到車上。"方臉大叔宣佈完畢,給了每個孩子二十元。

馬力有些失望,他以為買禮物的錢會更多一些,一個好的望遠鏡可不止二十元。

不管如何,拿到錢還是開心的。馬力蹦蹦跳跳地瀏覽每個攤位的物品,如同方臉大叔所說，這裏充斥著各種雜物，舉凡鮮花、水果、小食、手工飾品、傢俱、二手書、黑膠唱片……等，不一而足。

當馬力行經出售椰子糖的攤位時，他其實很想買一包嚐嚐，但買了椰子糖就買不了望遠鏡，只好把溢出的口水給嚥下去。

"小朋友，想不想吃椰子糖？"攤位上的老爺爺問。

"想，但買了椰子糖就買不了望遠鏡了。"

"一包椰子糖要不了幾塊錢。"

"可是我的身上只有二十元。"

"二十元可買不到好的望遠鏡。"

馬力有些氣餒地答他知道，然後繼續逛市集，果然如同老爺爺所說的那樣，二十元根本買不到望遠鏡。

"買到了嗎？"老爺爺問。

原來兜兜轉轉後，馬力又回到老爺爺的攤位上。

"沒有，最便宜的也要五十元。"他答，然後長嘆一口氣。

沒料到老爺爺說他家裏有一個，如果馬力能幫他代看一下攤位，他這就回家去取。

"沒問題。"馬力答。

老爺爺離開後，馬力幫忙賣出好幾包糖。

"有人買糖嗎？"老爺爺回來後問。

"有，賣了12包，賺了60元。"說完，馬力把錢遞上去。

"真是好孩子！"老爺爺把錢放進右邊的褲兜裏，再從左邊的褲兜裏掏出一個巴掌大小的東西，"這是我的寶貝，賣給你！"

老爺爺給馬力的是一個復古造型的望遠鏡，漆已經掉得七七八八，大概扔在地上也不會有人撿，不禁露出失望的表情。

"你可別小看這個望遠鏡，再遠也看得一清二楚，不信你試試！"

馬力半信半疑地試了試,果然神奇,不僅看得遠,影像還特清晰,彷彿近在眼前。

"我太喜歡了,多少錢?"馬力興奮地問。

"15元。"

"15元?真的?"

"當然是真的,這樣你就有錢買我的椰子糖了。"

馬力很愉快地付了二十元,然後拿走望遠鏡和一包糖。

當他回到車上,時間已經過了11點。悲傷阿姨挺不高興的,因為接下來的行程被耽誤了。

"算了,馬力是家庭新成員,給他一點兒時間適應。"方臉大叔當和事佬。

"對不起,下次我一定守時。"馬力說。

悲傷阿姨不再抱怨,於是方臉大叔發動引擎,車子抖動一下後,很快上路了。

第16章・六個人的旅程

彩虹谷很遠，開車起碼得五、六個小時，也難怪悲傷阿姨會不高興，因為天黑之後，不論搭帳篷還是煮食都會比較麻煩。

馬力心中有愧，所以吃完午餐（三明治）後，他主動拿出買來的椰子糖請大家吃。

"這糖好吃！"方臉大叔率先說。

"嗯！好吃。"行空接棒。

"好吃。"叮叮和咚咚同時說。

等了一小會兒，悲傷阿姨也說好吃。

馬力感覺這是一個相當奇特的家庭，他們以一種特殊的方式化解不快。

"我也覺得好吃。"馬力加入。

都說吃甜食容易使人愉悅，果真沒錯，房車內的氛圍立即變得歡快，他們甚至唱起歌來。

身邊的魚兒在游，

我們的車子也在游。

嘿呦嘿呀嘿呦嘿！

做好準備就出發，

齊心協力你我他。

嘿呦嘿呀嘿呦嘿！

完成任務很重要，

五個人的旅程真奇妙。

嘿呦嘿呀嘿呦嘿！

馬力沒聽過這首歌，但很快就學會，並且唱得不亦樂乎。幾遍下來後，行空忽然喊停。

"爸爸，我們應該把五個人的旅程改成六個人。"他說。

"哈！没錯，我們現在是六個人，歌詞應該改成六個人。"方臉大叔笑呵呵地答。

馬力說還有一個地方也得改，那就是車子不會游泳。

"我們的車子會。"後座的叮叮和咚咚同時說。

馬力望向身旁的行空，他也同意姐姐們的說法。

"五比一，那就不改了。"悲傷阿姨下結論。

馬力很鬱悶，這是睜眼說瞎話，但他們人多勢眾，馬力無力反駁。

身邊的魚兒在游，

我們的車子也在游。

嘿呦嘿呀嘿呦嘿！

做好準備就出發，

齊心協力你我他。

嘿呦嘿呀嘿呦嘿！

完成任務很重要，

六個人的旅程真奇妙。

嘿呦嘿呀嘿呦嘿!

當歌聲再次響起,馬力把不愉快拋在腦後,很快加入大合唱之中。

第17章·四季如春

唱歌唱累了,大家都不再說話。接下來的時間裏,方臉大叔很專心地開車;悲傷阿姨心無旁騖地織毛線;後座的叮叮和咚咚已經進入夢鄉;行空在玩魔術方塊;馬力望著窗外的風景出神……

車廂內安靜得像在演默劇。

沒多久,馬力再度發現天氣有異。

為什麼說"再度"?那是因為不久前他也曾懷疑過。

是這樣的,馬力的家鄉四季分明,春天百花盛開,夏天酷暑難當,秋天落葉飄零,冬天則白雪皚皚。現在是2月份,按理說,即使沒下雪,寒風吹來也會讓人全身打顫,但葛家附近卻是一幅風和日麗兼綠意盎然的景像，很難想像收養家庭離他家不過三個小時車程遠。

如今待在行駛的車輛中，馬力的疑問更加深了，因為他親眼目睹一棵棵枯樹在房車經過後又起死回生，彷彿有人用魔杖點擊了一樣。當天色漸晚，車燈亮起時，這種差異更加明顯（光線所到之處大地回春，光線之外則進入寒冬）。

"請問⋯⋯"

馬力一開口，十隻眼睛齊刷刷對準他，包括突然驚醒的雙胞胎姐妹和正在開車的方臉大叔。

"小心！"馬力喊。

接著一長串的喇叭聲響起，貨櫃車司機伸出頭來咒罵，因為他們的房車差點兒駛入對向車道。

方臉大叔嚇得臉色慘白，過了幾分鐘才回過神來。

"什麼事？"他問馬力。

"沒事，你小心開車。"他答。

到了彩虹谷，天已經完全暗下來，葛家人熟門熟路地搭建帳篷及進行野炊，馬力這才發現他忘記帶筷子了。

"你要嘛和我們一樣用手吃飯，要嘛自己撿兩根樹枝當筷子。"悲傷阿姨說。

於是馬力在附近草地上尋找樹枝，它們有長有短，有粗有細，好不容易才找到兩根差不多的，但很快便發現找來的"筷子"不給力，以致食物頻頻掉落。

面對馬力的窘狀，葛家人好似看不見，照樣吃得開心。

幾次"進食失敗"後，馬力索性把"筷子"扔在一旁，抓起食物狼吞虎嚥起來。

"好吃嗎？"方臉大叔問。

"嗯！"

"比用筷子好吃吧？！"悲傷阿姨問。

"……嗯！"

"你早該用手吃飯了。"叮叮說。

"……嗯！"

"還不用洗筷子。"咚咚說。

"……嗯！"

"你越來越像葛家人了。"行空說。

馬力聽完心頭一緊，不，他不想像葛家人。雖然他被葛家收養了，但他一直認為這是暫時的,等他的爸爸媽媽一回來,他就要和這家人道別離,從來沒有"天長地久"的打算。

"一點兒也不像!"他把吃到一半的烤肉放下,"我吃飽了。"

葛家人對馬力的突然變臉視若無睹,依舊談笑風生。

第18章·彩虹谷和棕熊一家

夜晚,馬力被一陣陣巨大的水流聲給吵得無法入眠。反觀身旁的行空,他睡得很沉,打鼾聲不絕於耳。

當晨曦降臨,馬力走出帳篷,昨晚沒吃飽,害他現在飢腸轆轆。

"早,再等一會兒就能吃早餐了。"悲傷阿姨說。

馬力沒想到她也這麼早起,一轉頭,三個帳篷靜悄悄的,方臉大叔和他的三個孩子們應該都還在睡夢中。

"我去撿樹枝當筷子。"馬力說,沒忘記昨晚被揶揄一事。

"記得跟棕熊們打聲招呼。"

馬力看著悲傷阿姨,想搞清楚她是不是開玩笑,但悲傷阿姨沒理他,專注看著鍋裏的麵條。

得不到答案,馬力把精力放在找樹枝上,這一找,他不知不覺越過了山丘,才發現如打雷般的流水聲來自於此。

"哇!好壯觀啊!"馬力驚歎。

眼前是一個大瀑布,如同白色絲綢般的流水刷刷刷地往下沖,更甚的是,經過陽光照射,瀑布旁出現了一道七色彩虹,難怪這裏叫"彩虹谷"。

馬力看得出神,把撿樹枝一事給忘得一乾二淨,直到山谷間傳來"嗷嗚嗷嗚……"的叫聲,他才回過神來。

"這是什麼?難道是熊的叫聲?"這麼一想,馬力拔腿就跑。

當行空看到馬力時,立即問他上哪兒去了?

"我……看瀑布。"

"壯觀吧?"方臉大叔緊接著問。

"嗯!"

"看到棕熊了嗎？"悲傷阿姨邊把早餐放在桌上邊問。

"沒看到，但好像聽到聲音了。"

然後叮叮和咚咚開始嘰嘰喳喳地討論起棕熊一家。

"你們不是第一次來彩虹谷？"馬力問。

行空推一推他的黑框眼鏡，答："我們已經來過很多次，還跟熊爸、熊媽、大寶、二寶、小寶玩在一起。也許你是新人，他們感到害怕，所以到現在還沒現身。"

馬力感到很不可思議，他以為棕熊很可怕，會威脅到人類的生命。

方臉大叔說正常情況下的確如此，但幾個月前熊爸被獵人的獸夾給夾住了，是他們解救了它，如今棕熊一家跟他們很親近，就像家人一樣。

這一解釋，馬力釋懷了，同時也能理解棕熊一家的恐懼，因為對它們而言，他是可怕的陌生人。

"趕緊吃吧！再不吃麵就糊了。"悲傷阿姨說。

由於馬力忘了撿樹枝,只能用手抓麵吃,還好這次沒人取笑他,讓他飽餐了一頓。

第19章·財神爺

吃完早餐，馬力和葛家人一起到瀑布下戲水，玩得不亦樂乎，直到太陽落山才返回。

在車上，他們邊吃著遲到的午餐（三明治）邊唱歌。

身邊的魚兒在游，

我們的車子也在游。

嘿呦嘿呀嘿呦嘿！

做好準備就出發，

齊心協力你我他。

嘿呦嘿呀嘿呦嘿！

完成任務很重要，

六個人的旅程真奇妙。

嘿呦嘿呀嘿呦嘿！

昨天唱歌時，馬力把注意力擺在"我們的車子也在游"這個奇怪的句子上，現在他感覺歌詞還有不對勁的地方，什麼任務很重要？這個任務和巫老師口中的任務是不是同一個？

"請問……小心開車！"馬力喊著。

還好方臉大叔及時把方向盤往回撥，沒有釀成大禍。

"司機一分神，危險就來。"悲傷阿姨說，聽起來像在控訴

馬力感到內疚，因為這是實情。

"那我不問了，讓葛叔叔專心開車。"他說。

馬力雖然沒問，不代表他放棄追根究底。隔天上課，他把問題拋出去。

"你們去彩虹谷玩了?好玩嗎?"巫老師問。

"好玩,妳還沒回答我的問題。"馬力說。

"有些事情時機一到就什麼都清楚了。"

"妳的意思是現在時機未到?"

"看樣子是的,耐心點兒,很快就會水落石出。"

巫老師的回答等於沒回答,馬力依舊一頭霧水,然而日子還是得過,還好沒多久便迎來月圓之夜,暫時轉移了注意力(為了親眼目睹"財神爺"的到來,馬力已經觀察月的陰晴圓缺有好一陣子了)。

"其實你無需天天觀察,當空氣中有臭味時,代表羊駝來了。"行空曾說。

馬力很不理解這段話,今晚終於揭曉。

"它為什麼一路猛吐口水?"馬力放下手中的望遠鏡,"而且這味道也太臭了!"

行空答羊駝在感覺危險或生氣時才會吐口水,這是食草類動物的一種反擊手段。

"你的意思是它現在感覺到危險或正在生氣？"

"大概吧！誰會高興每當月圓時得走上那麼一大段長路？"

馬力重新拿起望遠鏡，當羊駝停在橡樹前時，他屏住呼吸，害怕一個不留神就錯過什麼。

只見羊駝靜止幾秒鐘後，突然壓低耳朵，同時上揚脖子和頭，接著對準樹幹快速吐出口水。

"你騙人！"馬力怒不可遏，"羊駝什麼都沒送，只送了一泡口水。"

"你何不親自到信箱查看？"行空一副老神在在的模樣。

於是馬力衝下樓去，並且在信箱中發現黏糊糊的口水及一枚閃著紅光的寶石。

"真的，"馬力驚呼，"羊駝真的送東西來，行空沒騙我。"

第20章·尋找行空

如此看來,方臉大叔和悲傷阿姨真的無需打工就能維持一個家的開銷,甚至有餘力和財力去收養馬力,但馬力還是有不明白之處,好比福利院裏有年齡更小或已經待了數年之久的孩子,他們更值得被救助,可是葛家卻選擇了他,這不挺奇怪的?

馬力帶著疑惑上床,當他快入睡時,床晃動了一下。

"行空又夢遊了,他怎麼老夢遊?"馬力心想。

不知睡了多久,馬力被窗外"咕咕喵、咕咕喵……"的叫聲給吵醒了。

"又是貓頭鷹！"馬力睜開惺忪的睡眼，"還讓人睡覺不？"

他翻了個身，可是再怎麼努力還是睡不著，於是他往下一探，想看看行空什麼情況，結果床上只有凌亂的被褥。

"天哪！行空夢遊到哪裏去了？"

這麼一想，馬力立即下床尋找行空。

第21章・可怕的一家人

二樓沒有行空的影子,馬力下到一樓,依舊沒有。他心想莫非行空跑到屋外了?當看到緊閉的大門時,馬力立即打消他的假設。

現在只剩兩種可能性,要嘛行空跑到別的房間去,要嘛他已經下到地下室。

馬力不能私闖別人的房間,他只能往地下室碰碰運氣,那麼先到地下車庫還是地下圖書館?

夜深了,馬力不想下到那個幽暗的車庫裏,所以決定先到燈火通明的圖書館找人,即使沒找到,借本書看看也好。

想到做到,他輕手輕腳地下樓。

地下圖書館其實離地面很近,馬力只要沿著旋轉式樓梯往下轉三圈就能到,但當他轉到第二圈時,耳中傳來葛家人的聲音。

"……還是緩緩再說吧!我看那孩子挺敏感的。"這是悲傷阿姨的聲音。

"可是行程已經安排上,難道讓他一個人留下?"這是方臉大叔的聲音。

"要不,讓巫老師照顧他吧!我看馬力挺喜歡她的。"這是叮叮的聲音。

"巫老師有喜歡的人了,她不會高興馬力加入。"這是咚咚的聲音。

"我認為還是告訴馬力實情比較好,他會理解我們的難處。"這是行空的聲音。

地下圖書館有個大長桌,馬力能想像此時此刻葛家人全坐下來商討他的去留。顯然這家人即將有遠行,又不想帶上他,他成了燙手山芋。

想到不久前馬力還擔心行空的安危,這讓馬力很受傷。

他果斷踩著大象的步伐下樓,好讓葛家人知道他來了。

"你們不用為難了，我回福利院就是。"

話一說完，馬力看到長桌前立了一個白板，上面有自己和父母的照片，各種角度都有，像是被偷拍的。

"你⋯⋯你們怎麼會有這些照片？莫非⋯⋯"馬力後退兩步，"別告訴我，你們是犯罪份子。"

方臉大叔猛然起身，他要馬力冷靜下來，事情很複雜，不是三言兩語能說得清楚。

"你倒是說呀！若不說清楚，我立馬報警！"馬力齜牙咧嘴的。

"你若報警，你父母就永遠回不來了。"悲傷阿姨冷冷地說。

馬力心想這家人簡直可怕到了極點，竟然拿他父母來威脅他。

"好，我不報警，你們現在就把我父母放出來。"

"你父母不在我們手裏。哎！這要如何解釋？"方臉大叔眉頭深鎖，似乎在思考，"你看這樣行嗎？讓我和你阿姨好好捋一捋，明天同一時間、同一地點，我們一定給你詳細的答覆。"

馬力不知該不該再相信這家人，但這是目前唯一能獲得父母消息的機會，他怎能錯過？

"好，我等。"馬力挺起胸膛，"記住了，我會跆拳道，也會空手道，反應很靈敏。"

第22章・社工到訪

由於心有疑慮,上課時馬力心不在焉的。

"馬力,你知道這個藏文怎麼唸嗎?"巫老師問。

藏文是表音文字,即使不懂意思,只要掌握基本的拼讀能力,依然唸得出來,但此時此刻馬力的腦子好像被水泥給糊住了,嘴裏重複著"沙……沙……沙……",就是唸不完整。

"Shambala." 行空答。

馬力很不高興行空越俎代庖,但又能如何?畢竟他回答不了。

"没錯，是 Shambala，"巫老師把目光又投向馬力，"你知道 Shambala 是什麼意思嗎？"

馬力認為巫老師故意為難自己，他唸都不會唸，怎麼會知道意思？

"是笨蛋的意思。"馬力故意說。

"不是笨蛋，"行空立即糾正，"它是一個洞穴的名稱。傳說這個洞穴藏著地球軸心，誰能找到它，誰就能擁有巨大的能量。"

馬力很火大，開始抱怨課堂上充斥著怪力亂神，就不能講點兒正事？

巫老師反問他什麼是正事？

"好比教教數學公式或解題技巧，這樣考試時才容易得高分。"

"看來你比較適合到別的學校學習。"巫老師說。

"我也這麼認為，這裏就是個鄉下，要啥沒啥，連鳥都不願在此下蛋，我好希望趕快逃離。"

巫老師收起笑臉，問他是否真這麼想？馬力答是。

"那好，我會讓你如願。"她答。

方臉大叔來接孩子們時，巫老師意外沒有出現在教堂門口。

"巫老師呢？"方臉大叔問。

"她躲起來哭。"叮叮答。

咚咚問她的雙胞胎姐姐："妳怎麼知道？"

"我看到的，她在廚房間擦眼淚。"

馬力不確定巫老師有没有哭，但她的確不痛快，而這個不痛快跟他有關，因為他講了傷人的話。

晚餐桌上舊話重提，雙胞胎姐妹把課堂上發生的事全給轉播了。

"馬力，我們不知道你在這裏這麼不開心。"方臉大叔說。

其實事情沒那麼糟糕，馬力不過是一時衝動而已，可是說出去的話彷彿射出去的箭，眼下他已經騎虎難下。

"……嗯！"馬力無力地點頭。

此時方臉大叔和悲傷阿姨互看一眼，盡在不言中。

"叮咚！"門鈴聲響起。

這是馬力加入這個家庭以來，第一次有訪客。

行空去開門，沒多久，他把一對男女帶進來。

馬力沒看過那個男的，女的倒是熟悉。

"我們來看看馬力生活的環境，你們繼續吃飯，別管我們。"社工姐姐微笑著說。

馬力聽說社工人員做家訪會採取"突襲"的方式，沒想到突襲來得這麼快，而且選在下班後，這豈不是變相加班？

當社工哥哥和社工姐姐在屋子裏走來走去時，葛家人和馬力小心翼翼地用著餐，生怕犯了什麼錯誤，那氣氛詭異極了。

"馬力，你吃飽了嗎？如果吃飽了，我們到屋外走走。"社工姐姐忽然說。

馬力很害怕，葛家人也是，一個個臉色煞白。

"我……再吃點兒。"說完，馬力抓起芋餅就吃。

"咦！你們怎麼都用手吃飯？筷子呢？"社工哥哥問。

馬力立即將手中的芋餅扔下，站起來說他吃飽了，然後早先一步走到屋外。

第23章・救我救我

馬力想當文明人的信念一直沒動搖過,用筷子吃飯便是其一,但當四周圍的人都用手吃飯時,久而久之,馬力也當它是常態。

"馬力,你是不是一直用手吃飯?"社工姐姐問完,把錄音筆放在他嘴邊。

"我……我……偶爾啦!今天吃餅,用不上筷子。"

"你在哪裏上學?"

"教堂。"

"教堂?"

馬力解釋這附近的人家都搬離了,只剩葛家一戶,所以把教堂當成學校。

"這裏一直都這麼熱嗎?"社工哥哥拿手當扇子揮,"一路上我忙著脫衣。"

"可能緯度不同,所以……"

社工姐姐接著問他收養家庭對他好不好?生活上有没有奇怪的地方?

要說奇怪之處,這個家庭多了去,但馬力不想說破,怕洩密之後,他的爸媽就回不來了。

"對我還好,至於奇怪的地方……"馬力停頓了一下,"目前沒有。"

社工姐姐很滿意他的回答,收了錄音筆之後,告訴他日後若需要幫助,可以撥打求助電話9595,意思是"救我救我"。

馬力笑得很尷尬,其實他現在正需要人救他……和他的父母。

第24章・約定

馬力進屋時,十隻眼睛齊刷刷對準他。

"我說一切正常。"

他一答完,所有人做鳥獸散,方臉大叔進了白色門的房間,悲傷阿姨進了灰色門的房間,雙胞胎姐妹則上樓,她們的房門是藍灰色的。

"走吧!學習時間已經到了。"行空對馬力說。

以前沒留意,現在馬力發現這家的奇怪之處又多了一條,哪有那麼愛學習的家庭?這太不正常了!

嘀咕歸嘀咕,馬力還是跟著行空上樓,當別人都在學習時,自己若不學習,反而成了異類。

然而中場休息時間一到,馬力還是没忍住,他問行空:"你不覺得你家很奇怪嗎?"

"哪裏奇怪?"

"每個地方都奇怪,不像地球人。"

"我們的確不是地球人,如果不是居住的星球大爆炸,我們一家也不會乘飛行器來到此處。"

馬力問他有没有發燒?行空很認真地摸摸額頭,然後回答没有。

"我好像發燒了,得上床躺一會兒,開會時記得叫醒我。"馬力說。

事實上,行空並没有叫醒他,是馬力自己醒過來,並且發現只差兩分鐘就到了約定時間。

"行空,你怎麽不叫醒我?"馬力邊責問邊跳下床來。

行空翻了個身又沉沉入睡。

馬力喚他幾聲都喚不醒,只能自己往地下圖書館奔去。

第25章・馬爾星

"你來了,坐。"方臉大叔說。

馬力以為這是個六人會議,結果只有三人參加。

"行空還在睡覺。"馬力解釋。

"讓他睡,我們跟你談就可以。"悲傷阿姨說。

此時機器人葛巫走了過來,問有什麼需要幫忙的地方?

馬力很想要一杯水喝,但悲傷阿姨已經將它支走。

"馬力,"方臉大叔開口,"你眼中的父母是怎樣的人?"

馬力眼中的父母再普通不過，父親是一家公司的行政人員，每天早出晚歸；母親則是家庭主婦，很少串門子，日常生活全圍著丈夫和孩子打轉。

方臉大叔聽完，把一張發黃的報紙遞過去，問："你看照片上的人是誰？"

這張報紙的日期顯示離現在已經近二十年。

"嗯……他們看起來有點兒像我的父母。"馬力答。

"如果我說男的是天文學家，女的是地質學家，你怎麼想？"方臉大叔繼續說。

從氣質看，照片中的兩人的確很像高級知識份子，但這與馬力的父母一點兒關係也沒有。

"或許吧！這世上相像的人很多。"

"實話告訴你，他們一個叫馬爾，另一個叫李書文，兩人都畢業於一流學府，後來受盛名之累，改名馬奮及李文，還生了個孩子，取名馬力。"

"怎麼這麼湊巧？那三口之家的名字竟然與我家一模一樣。"

"傻孩子，那是你和你的父母呀！"

馬力分別看著方臉大叔和悲傷阿姨，感覺像在做夢。

"我看他不相信，你還是把錄像放出來吧！"悲傷阿姨對方臉大叔說。

然後馬力看到自己的父母被授予金質徽章，藉以表揚他們在各自領域中的卓越貢獻。

"這……怎麼會？太意外了。"馬力喃喃自語。

方臉大叔緊接著把機器人叫過來，要它顯示星像圖。

只見葛巫一眨眼，圖書館內的大燈全熄了。幾秒後，機器人的頭頂發亮，射出的光芒打在天花板上，成了一片浩瀚宇宙。

"這個位置，"方臉大叔用激光筆點了一下天花板上的某處，"原本有一顆小行星，它被命名馬爾星。沒錯，是你父親發現的，所以用他的名字命名，實際上我們叫它 ¥#%@ 星。你不會唸沒關係，我們也很少這麼稱呼它，對星球上的居民而言，它是家，如此而已。"

"你的意思是你們全家都是外星人？"馬力睜大眼睛問。

"呵呵！這麼說也沒錯，不過馬爾星和地球很相像，除了個頭小點兒、天氣好點兒外，兩者基本沒什麼差別，我們甚至擁有類似的長相和習慣，因為很久以前我們的祖先也曾居住在地球上，只是後來因某種原因而移居到馬爾星。"

"既然住得好好的，為什麼又返回地球？還有，這跟我父母有何關係？他們為什麼會憑空消失？"

悲傷阿姨聽完馬力的疑問，按了一下機器人的頭部，星像圖不見了，大燈亮起。

"馬力，你聽好了，我這就說給你聽。"

從悲傷阿姨的敘述中，馬力得知他的父親後來轉向星象研究，並且推算出馬爾星有爆炸的可能。他緊急通知政府高層，因為爆炸後的星體內部核反應很可能會衝擊到距離只有1光年的地球，意思是如果不做任何措施，1年後，原子核能將抵達地球，對地球上的生物造成嚴重的不良影響。

剛開始，沒人對這樣的推測上心，因為星象學又叫占星術，是用天體的相對位置和相對運動來解釋或預言。換言之，它在科學領域上難登大雅之堂，人們甚至認為堂堂的天文學家馬爾已經走火入魔，竟然學起江湖法術，直到馬爾星真的爆炸了，這個預言才被重視起來。

"既然爆炸了，你們又是如何來到地球？還有，這關我父母什麼事？他們為什麼會消失？"馬力不依不饒地問。

方臉大叔接過棒子，他說他們一家之所以能成功逃離是因為擁有一個超越光速的飛行器，可惜來時路上不幸被一顆隕石給擊中，功能喪失了許多，後來被改造成房車。至於馬力的父母為什麼會消失？他猜是被某個"團體"給軟禁起來，目的是為了解救地球。

馬力不苟同，見不到孩子的父母如何安心工作？

"你的想法没錯，所以我們猜測這個團體非官方，而是某個具陰謀和野心的私人團體想藉此掌控整個地球，這就很好地解釋為什麼他們會不在乎你父母的感受。"方臉大叔說。

馬力頓時無語，他不知該不該相信這對夫妻說的。如果他們所言不假，自己的父母即使完成解救地球的任務也難保全身而退,畢竟那樣冷血的團體,什麼壞事幹不出來呢?

悲傷阿姨說:"如果你擔心父母,那麼就和我們一同去尋找地球軸心吧!也許在尋找的過程中能獲得他們的消息。"

第26章·撥雲見日

馬力很擔心父母的安危,所以願意一同去尋找地球軸心。既然要尋找,當然越快越好,但葛家人好像不怎麼著急,同樣淡定的還包括巫老師。

"馬力,你太心急了,心急沒好果子吃。"巫老師說。

"没錯,在¥#%@星上,我們都是做好準備再出發。"行空說完,咬下一口三明治,馬力這才發現他吃的是火腿口味。

"難道你們也在原來的星球上尋找地球軸心?"

馬力問完,咯咯咯的笑聲響起。不用猜,肯定又是雙胞胎姐妹在取笑他,馬力頓時覺得手中的盒飯不再美味。

巫老師要叮叮和咚咚都安靜下來，接著解釋￥#%@星是顆神奇的星球，那裏天朗氣清、物產豐富、科技發達，居民不需要工作便能飽腹，因為機器人包辦了生活上的所有事，人們只需把重心擺在每年舉辦的尋寶大賽中即可，它是年中盛事，每個家庭都會為了贏得比賽而使出渾身解數，這包括不間斷的學習。由於尋寶的難度極高，每個人都視它為人生中的重要任務，一旦完成任務就會被授予"榮譽家庭"的稱號，這是無上的光榮……

馬力想起巫老師曾要他耐心點兒，等時機一到就什麼都清楚了。現在他真的有"撥雲見日"的感覺，包括他們口中的"任務"以及為什麼葛家人都愛學習，剎那間全明白了。

"那麼如何知道已經做好準備，可以出發了？"馬力問。

巫老師咬下一口交換來的三明治，一副若有所思的樣子。等了好一會兒，她才說："我無法告訴你答案，但當我的姐姐開始煩躁時，應該離出發之日不遠了。"

第27章 • 比武

在這段等待的時間裏,馬力將重心擺在藏文的學習上。他的想法很簡單,既然地球軸心很有可能就藏在西藏一處叫Shambala的洞穴之中,那麼他將藏文學得越通透,以後的助力就越大。

與他同寢室的行空則不一樣,他學的東西很雜,最近的行踪更是飄忽不定。

"你去哪裏?"看行空又要離開房間,馬力忍不住問。

"我去做個實驗,這裏的空間太小,儀器放不下。"

馬力太好奇了,他已經待在葛家有一段時間,竟然不知道這棟屋子裏還有個實驗室。

"行空,我能跟你一塊兒過去看看嗎?"馬力問。

"當然沒問題。"

實驗室與圖書館不過一牆之隔,馬力來圖書館好多次了,居然沒發現那張化學元素周期表的背後別有洞天。

"哇噻!這個實驗室裏真的什麼都有,"馬力左看右瞧,最後指向一個看起來像潛望鏡的白色筒狀物,"那是什麼?多少錢買的?"

"它是透射電鏡,連植物細胞葉綠體裏的類囊體也能看得一清二楚。至於多少錢買的?我真不清楚,一、兩百萬總要吧?!"

馬力想到羊駝送來的禮物,小小一顆石頭也能賣那麼多錢?簡直太不可思議了。

"嘿、吼、哈……嘿、吼、哈……"
突來的聲響嚇了馬力一大跳。

"我姐又開始了。"行空嘆了口氣說。

"開始什麼?"

"比武呀!"

馬力再度受驚嚇,這是什麼神仙家庭組合?

"你想看嗎?也許還能跟她們比劃兩下。"行空說。

"不想。"

"你怕?"

為了不讓行空看扁,馬力勉為其難地跟過去瞧瞧。

依據聲音的遠近,馬力判斷那兩姐妹就在附近,只是沒料到居然這麼近,拐個彎就到,之前馬力還以為那扇門的背後是洗手間。

擂台上身著朱紅色練功服的兩姐妹對訪客視若無睹,依舊打得不可開交。

"嘖嘖嘖......"馬力邊看邊搖頭,"這兩人的打法完全不按理出牌,見縫插針,小動作頻頻。"

第一個心裏不爽的是叮叮,她收腿後問馬力:"你有意見嗎?有意見就......"

叮叮還未說完就被咚咚擊中下巴,當場倒地。

"有意見就上來呀！"咚咚居高臨下，有點兒盛氣凌人的樣子，"別怕，我讓你一隻手。"

這種說法簡直侮辱人！

"不必，我和行空一起對付妳倆。"馬力說。

行空聽完嚇得兩腿發軟，他要馬力行行好，別拖他下水。

看行空一副窩囊廢的樣子，馬力終於相信上帝造人是公平的，在給予行空一副聰明腦子的同時又賜給他羸弱的身子。

"行，我以一對二，"馬力跳上擂台，"妳們儘管放馬過來！"

第28章・脆弱的地球人

"馬力,你怎麼了?"早餐桌上,方臉大叔問。

"我……不小心跌跤。"

馬力又聽到咯咯咯的笑聲,他試著忽略這種干擾。

"千萬小心呀!你不像我們。"

馬力問什麼意思?行空代答:"就是你比較脆弱的意思。"

這也是馬力無法理解之處,昨晚的比武大賽,馬力雖然處於下風,但也讓兩姐妹雙雙掛彩,但今日一看,她倆毫髮未損,倒是馬力傷情嚴重,一隻眼睛烏青，鼻子還腫得像顆大號草莓，如果再仔細瞧，左腳瘸了。

同樣的對話在課堂上又重複出現。

"馬力，你怎麼了？"巫老師關心地問。

"我……不小心跌跤。"

馬力又聽到咯咯咯的笑聲，不同的是，這次他惡狠狠地望向那對姐妹花，警告的意味濃厚。

"千萬小心呀！你不像我們。"

當再度聽到這個回答，馬力問難道馬爾星球上的人都是金剛不壞之身？

"什麼馬爾星球？"行空問。

"也就是你們口中的¥#%@星，是我爸發現了它，將它命名馬爾星。"馬力不無驕傲地介紹。

"你父親的確是個了不起的人物。"巫老師點頭讚許，"看來你已經了解來龍去脈了。"

馬力提醒她還未回答他的問題，於是巫老師做出解釋，原來馬爾星人並非刀槍不入，而是身體的修復能力比較強。

這個回答很好地解釋為什麼一夜過後雙胞胎姐妹已恢復正常,而他依舊是傷兵一個。

"看來打架不是我的強項。"馬力無限感慨地說。

行空伸出手和他握了握,說:"好兄弟,我倆終於有了共同點。"

第29章・蓄勢待發

方臉大叔要大家把行李打包好,靜待通知,但幾個禮拜過去了,依舊無消無息。馬力很擔心這個家庭把正經事給忘了(那麼他的父母該怎麼辦?還有沒有得救的可能?),直到今天下午才初見端倪。

"庭院裏的落葉掃了又來,我遲早要把這棵該死的樹給砍了。"悲傷阿姨邊看窗外邊抱怨。

馬力心想若砍了橡樹,羊駝來了怎麼辦?它要向哪裏吐口水?噢!不,向哪裏送金銀珠寶?

奇怪的事在晚餐時間又發生。

"每天煮三餐,就沒人幫我一把。"悲傷阿姨顯得更加悲傷。

"是妳把葛巫趕到地下室,要不,我現在就叫它上來?"方臉大叔答。

"葛巫煮的菜能吃嗎?你也幫幫忙!"

吃完飯,當茶几上的鬧鐘響起,悲傷阿姨摀住耳朵,揚言有一天要把鬧鐘給砸了……

在馬力眼中,悲傷阿姨一直很冷靜,不像現在,動輒發怒。

回到房間,馬力問行空:"你媽怎麼了?"

"別理她,要出遠門了,她難免煩躁。"

"出遠門?你的意思是……"

"沒錯,我們就要出發了。"

"什麼時候?"

行空答在他們住的星球,當三星(&$*%星、@#$&星和¥£€*星)連成一線時最適合遠行,現在來到地球,一切都不一樣了,還是靜待通知吧!

然而馬力等不及，他決定親自去問方臉大叔，可是屋內到處都沒有他的影子，包括地下圖書館。

"莫非他在地下車庫？"馬力心想。

轉了十幾圈的旋轉樓梯後，馬力又看到神秘的藍光，它來自水族箱。

"馬力，你怎麼來了？"方臉大叔抬起頭問，看樣子他正在檢查車子。

"行空說我們快出發了，就想問你什麼時候？"

"這還得問它，"方臉大叔用下巴指指正駕駛座，"你去拿。"

馬力走了過去，車門開著，座位上有個用黃銅做的奇怪圓盤，盤中央有個小號太極圖案及銀色磁針，從圓心處延伸出去一圈圈的同心圓，上面佈滿繁體中文字和一些亂七八糟的符號。

"這是什麼？"馬力問。

"那是羅盤，又叫羅經儀，用於風水探測。"

"你的意思是我們何時出發還得問風水？"

方臉大叔把黑烏烏的手套摘了，再把引擎蓋蓋好，答："不是這樣的，在我們原來住的星球上，當&$*%星、@#$&星和¥£€*星連成一線時最適合遠行，現在來到地球，一切都不一樣了。我聽說中國古人認為人的氣場受宇宙氣場控制，通過磁針的轉動，能找到最適合的方位和時間。入鄉隨俗，我後來從一名臨終的風水大師手中購得這個羅盤，並且花了大量的時間和精力做研究，終於有了一些心得。"

馬力感到很不可思議，"外星人"竟然也相信中國風水。

"那麼羅盤有沒有說何時出發？"

"我看看哈！"方臉大叔把羅盤接了過去，往前走幾步，再往後退幾步，"這指針是怎麼回事？轉得好快呀！"

馬力探頭過去，果然指針快速旋轉，像風火輪似的。

"碰！"一頭虎頭鯊突然撞向玻璃牆，發出的巨響把在場的兩人嚇得不輕。

"這是怎麼回事？太可怕了！"馬力捂著胸口說。

緊接著又是"碰、碰、碰......"的連續撞擊聲,馬力好害怕玻璃牆會被撞破。

"快!就是現在。"方臉大叔看著羅盤喊,它的指針已經停下來了。

"現在?"

"没錯,你趕緊上去叫他們通通都下來。"

"好咧!"馬力衝上樓去。

第30章 • 神奇的房車

當他們背好背包來到地下車庫，那裏已經汪洋一片，原來玻璃牆已龜裂，水就是從那裏流下來的。

"孩子們，快走！"悲傷阿姨說完，把背包頂在頭上，涉水而過。

緊跟在後的是雙胞胎姐妹與行空，輪到馬力時，水深已經及膝。

等車門一關，水立即沒至車頂，原來玻璃牆已整面爆破，時間掐得剛剛好。

馬力害怕極了，直呼怎麼辦？

"別擔心，"方臉大叔發動引擎，"這車牢固得很。"

然後神奇的一幕發生了，整輛房車浮了起來，不一會兒的工夫便往"水族箱"開去。

"這……這是……是怎麼回事？"馬力嚇得連話都說不利索。

行空解釋這輛房車是用飛行器改造的，功能雖然没以前好，但在水裏游完全不成問題。

馬力想起之前唱過的歌曲，歌詞寫道："身邊的魚兒在游，我們的車子也在游……"，原來指的是這個。

"莫非這車要一路游到西藏？"馬力衝口而出，"等等，不對，西藏在內陸，如何到得了？"

方臉大叔露出神秘的笑容，答："親愛的馬力，你且欣賞這奇妙的海底世界，時間一到，你自然什麼都明白了。"

第31章・海洋漩渦黑洞

這真是個截然不同的世界,馬力終於能親眼目睹課本上提到過的海中生物,它們個個活靈活現,可不是擺在魚攤上的死魚,更不是動畫片裏的虛擬動物,可惜越到深處,新魚種越多,馬力已經叫不出名字來。

"這條是大嘴琵琶魚,又叫海哈蟆,它的頭部上方有個肉狀突起,形似小燈籠,之所以能發光是因為裏面有腺細胞,能夠分泌光素……那條是皇帶魚,它被認為是世界上最長的魚類,由於靠近水面時身體會大幅度擺動,有些人認為它是神話故事中提到的海蛇……快看!向我們游來的是紅色烏賊,稀奇吧?!其實它不是一直保持紅色,而是隨環境變色,興奮起來甚至會發光……"

馬力很好奇行空的小腦袋瓜裏怎麼裝得下這麼多?簡直是個奇蹟!

就這樣,在房車"潛游"的這段時間裏,馬力獲得了不少相關知識,這包括帶殼的有孔蟲類及那些多不勝數的藻類植物。

"行空,你真的好厲害,應該去給大學生上上課。"馬力有感而發。

"學海無涯,我知道的不過是九牛一毛,不足掛齒。"

行空懂得多還很謙虛,這讓馬力望塵莫及。

"馬力,"方臉大叔忽然開口,"你有沒有聽過海洋漩渦黑洞?"

馬力聽過"黑洞",它存在地球外的宇宙空間中,一旦靠近便會被吸進去,但"海洋漩渦黑洞"是什麼?他還真沒聽說過。

行空再次讓馬力見識到他的學富五車,原來海洋漩渦黑洞是在海洋中產生類似宇宙黑洞的現象,由於強大的引力作用，它的四周圍會快速流動，形成一個噴霧帶。

又上了一課，只是馬力不明白為什麼此時此刻方臉大叔要提起"海洋漩渦黑洞"？難道只是為了讓行空更加自信（同時讓他感到汗顏）？

"馬力，你是不是好奇我為什麼要提這個？喏！"方臉大叔指著前方某處，"那就是海洋漩渦黑洞。"

果真看起來像個漩渦，馬力不免提醒方臉大叔小心避開，以防被吸進去。

話一說完，咯咯咯的笑聲傳來。

"笑什麼？"馬力轉頭怒視姐妹花，"我說錯什麼了？"

說時遲那時快，方臉大叔突然腳踩油門往海洋漩渦黑洞衝去……

"小心！"馬力大喊。

第32章・山南

中國古人曾以"混沌"二字形容天地未開闢之前的模糊狀態,此時此刻,馬力感覺自己正處於混沌之中,四周圍流光溢彩,既五光十色又變化萬千。有那麼幾秒鐘,馬力懷疑自己已死,正走在黃泉道上,還好沒多久車子便衝出水面,當陽光再現時,馬力有"死而復生"的快感。

"快看窗外!"行空喊。

馬力轉頭過去,他首先看到的是藍天白雲以及匆匆在白雲上劃過的禿鷹,接著車頭朝下,把遠方的雪山和不遠處的蒙古包也納入眼底。

"哐啷"一聲,車子終於落在湖泊旁的黃土地上,揚起滿天風沙。

待塵土都落定後,馬力問:"這是哪裏?"

葛家人齊答:"西藏。"

"西藏的哪裏?"馬力又問。

悲傷阿姨說讓她去問問,結果一下車便被成群的犛牛給團團包圍住,好不容易才脫身。

"請問⋯⋯"

車內的八隻眼睛齊刷刷對準馬力,他感到好有壓力。

"請問悲⋯⋯巫阿姨要怎麼問話?聽說西藏的游牧民族大多不會說普通話。"

"馬力,你聽好了。"方臉大叔一臉淡定,"在￥#%@星上,我們有自己的語言,來到地球後,由於身體機制只能設定一種主要語言,以致除了普通話之外,我們還得跟地球人一樣去學習別的語言。不過你放心,過去幾個月我太太已經花了很多時間和精力在學習藏語上,日常會話應該不成問題。"

原來悲傷阿姨躲進房間是為了學習這個，馬力還以為她在翻看八卦雜誌或研究吃的。

等了約莫一個小時，悲傷阿姨才回來，看來蒙古包的位置沒想像中近。

"眼前的湖泊叫納木措，乃'天湖'之意，是西藏的三大聖湖之一，從這裏往南開四個小時便能抵達拉薩。"她說。

此時馬力的注意力不在答案上，而在……

"妳手裏拿的是不是炸雞塊？"他問。

"怎麼可能？"悲傷阿姨笑了，"蒙古包裏有一個老阿媽正在做糌粑，她說這是西藏人的主食，硬塞給我幾個。"

那玩意兒猛一看還真像炸雞塊，馬力剛好肚餓，遂問："我能吃一個嗎？"

此話一出，葛家人立刻響應，看來他們也餓了。

"等等，讓我先泡壺茶。"悲傷阿姨說。

這真是個值得回味的時刻，四周是遼闊的草原風光，他們邊吃糌粑邊喝熱騰騰的茶水，很是滿足。若要問糌粑的口感，馬力認為很像乾了的堅果糊，甜甜的，還帶著油香味。

"該上路了，"方臉大叔拍拍手中的糌粑屑，"也許天黑前能抵達山南。"

"山南？"四個孩子一起衝口而出。

"那裏是整個藏區文明的發源地，離拉薩約兩個小時車程，也許我們能從中得到一些有用的信息。"

第33章・行經拉薩

去往山南的路上會經過西藏自治區的首府拉薩，馬力想著既然是首府，肯定非常繁華，沒料到這個城市質樸得很，到處都是低矮的房子，以致從哪個角度都能看得到雪山。

"我餓了。"後座的叮叮說出馬力的心聲。

"那麼找家餐廳吃飯吧！"悲傷阿姨蹦出一句。

這是第一次和葛家人上餐廳吃飯，馬力心中有小期待。沒想到車子兜來轉去，最後停在一座像廟的建築物前，門口還有厚厚的簾子擋著。

"我看這家不錯。"方臉大叔說。

其他四人無意見，馬力也不好說什麼（他原以為會去一個比較高檔的餐廳）。

穿白大褂的服務員要他們隨便坐，可是再怎麼"隨便"也找不到空出來的六人座（分開坐倒是可能的）。

"打包帶走！"悲傷阿姨立馬下決定。

雖然第一次上餐廳吃飯就告吹（最後還是回車上吃），不過馬力不認為葛家人心中有遺憾，因為他們又能放開天性用手吃飯，不用擔心別人投來異樣的眼光。

"好吃嗎？"方臉大叔和顏悅色地問。

"好吃。"孩子們齊答。

從餐廳外帶的炸土豆、藏餅、藏麵、石頭羊肉、甜茶等，味道還可以，出門在外，也不能要求太多。

"吃飽了嗎？"不到十分鐘，方臉大叔又問，可見他們吃飯的速度有多快。

"吃飽了。"孩子們又齊答。

"那麼上路了。"

拉薩往南的公路兩邊種滿綠植，碧空下有種滄桑的美感，只是馬力不明白，已是夜裏七、八點了，怎麼外面還亮晃晃的？

行空推一推他的黑框眼鏡，解釋在同一地區，地勢高的地方會比地勢低的地方先看到日出（同時晚看到日落）。換言之，地勢高的地方擁有較長的日照時數。

"這世上還有沒有你不知道的事？"馬力忍不住問。

"有，譬如宇宙中是否存在第二個￥#%@星？我好想回到那個星球上，希望你父親能幫我們找到。"

馬力驚呆了，莫非這就是葛家人收養他的原因？

"馬力，"方臉大叔咳嗽兩聲，"你別多想哈！挽救地球乃當務之急，如果地球沒了，我們不也要在宇宙間流浪？所以先把地球救下，再想辦法去解救你父母，這才是最理智的作法。如果將來你父親願意幫我們尋找另一個馬爾星，那再好不過；如果不願意或者找不著，這也無法強求，你說是不？"

方臉大叔的回答合情合理，馬力立刻釋懷，所以當車內的歌聲響起時，他毫不猶豫地跟著唱和。

身邊的魚兒在游，

我們的車子也在游。

嘿呦嘿呀嘿呦嘿！

做好準備就出發，

齊心協力你我他。

嘿呦嘿呀嘿呦嘿！

完成任務很重要，

六個人的旅程真奇妙。

嘿呦嘿呀嘿呦嘿！

第34章·行空生病了

馬力一行人在天黑前抵達山南,在吃過簡單的晚餐(又是外賣)後,方臉大叔把車子停在一處空地上,大家搭好帳篷,很快洗洗睡。

隔天,馬力被一連串吵雜的聲音給喚醒。他走出帳篷,看到路上有很多打扮亮麗的藏人,像去參加慶典。

"今天是雅礱文化節。"叮叮說。

"會有民族體育競賽、歌舞表演、藏戲演出以及民族服飾展示。"咚咚說。

馬力心想怎麼這麼湊巧就趕上了?

"孩子們,"悲傷阿姨喊,"你們趕緊梳洗一下。吃完早餐,我們還得上市場買些食物囤著，以防前不著村後不著店，還得自己打獵。"

悲傷阿姨很少說笑，所以顯得更加趣味十足。

"我喜歡打獵，咱們還是別買食物了。"馬力開著玩笑，可是沒人理他。

今天的早餐是把昨晚吃剩的血腸和奶渣包子二度加熱，就著熱茶，算是馬馬虎虎給應付過去。

"行空呢？"叮叮忽然問。

此時大家才發現行空尚未起床。

馬力扔下包子，說："我去叫他。"

情況和想像的不一樣，行空不是睡懶覺，而是病了，額頭滾燙滾燙的，馬力趕緊通報。

"不可能！¥#%@星人不會生病。"悲傷阿姨說。

"的確不可能，這種事從未發生過。"方臉大叔說。

"有道理。"叮叮說。

"沒錯。"咚咚說。

馬力氣炸了，人病著，他們不著急，反而質疑其真實性。

"聽著，如果行空没生病，幹嘛還躺著？這不挺奇怪的？也許你們在馬爾星上時從未生過病，但這是地球，病毒可多了。"

聽完馬力一席話，做母親的首先鑽進帳篷，然後是父親，接著是雙胞胎姐妹。

"看來行空真的病了，"方臉大叔鑽出帳篷，"這可怎麼辦？"

馬力說找個醫生看看唄！

"不行，我們的身體結構雖然和地球人很接近，但也有不同之處，好比血是綠色的，如果把這裏的醫生給嚇著了，我不認為是個好主意。"

馬力萬萬沒想到相處這麼久了，自己卻絲毫未察覺這一家子全是綠血人。

"既然這樣，那麼讓病人吃點兒成藥，同時多喝開水、多休息。每當我生病時，母親都是這麼照顧我的。"馬力說。

於是兵分兩路，馬力和方臉大叔上街採買藥物及接下來幾天的糧食，其餘三人做善後工作,包括收起帳篷及清洗用過的杯盤。

第35章・桑耶寺

買好東西回來才發現行空吐了，這打亂原先的計劃，他們不得不留下來，等行空痊癒了再出發。

可惜接下來幾天就算大家全圍著病人打轉，行空的病情依舊沒有好轉的跡象。

"要不要上醫院……"馬力看著兩大兩小，"算了，當我沒說。"

這一天吃過飯沒多久，行空又吐了，而且大吐特吐，把膽汁都吐了出來。看他們一家大小愁容滿面的樣子，馬力提議去廟裏拜拜，祈求神明保佑。

"什麼是神明？"悲傷阿姨問。

"就……就是給你力量的……的某種神秘力量。"

"原來你們也有電擊器，"悲傷阿姨喃喃道，"在￥#%@星上，我們偶爾也會接受電擊，通常電擊過後身心會舒暢許多。"

馬力笑得很尷尬。

方臉大叔拍拍他的肩膀，說："我和你去拜一下你們的神明吧！也許拜完後行空就會好起來。"

山南是整個藏區文明的發源地，聽說這裏擁有西藏第一塊農田、第一座寺廟、第一個宮殿、第一位贊普、第一片藏王陵墓群……

馬力心想第一個總是最具代表性，那麼就去拜拜這裏的第一座寺廟（桑耶寺）吧！

桑耶寺位於雅魯藏布江北岸的札瑪山麓，離他們所處的位置大約一個小時車程遠。馬力對這趟行程原本沒有過多的期待，沒想到……

"天哪！"他趴在車窗上，"好美呀！"

也難怪馬力會像失了魂魄，瞧！藍綠色的湖水被群山環繞，碩大的雲朵就懸浮在離湖面很近的半空中，時光彷彿靜止了……

"的確很美，在我們的星球上也有。不，更甚，幾乎是一步一美景，我再也找不到比它更美的星球。"

聽方臉大叔這麼一說，馬力感到好奇，如果那個星球真那麼好，他也想移居到那裏去。

方臉大叔當下與他碰鼻，這個舉動嚇了馬力一跳。

"對不起，嚇到你了。在馬爾星上，碰鼻代表一言為定的意思。"

聽完他的解釋，馬力鬆了一口氣，看來想在別的星球上生活，還有許多需要學習的地方。

"你說的寺廟是不是那一個？"方臉大叔指著前方問。

遠遠的，馬力看到一棟金碧輝煌的建築，四周還有紅、白、綠、黑四座塔。

"算算時間，應該到了，我們下車瞧瞧吧！"馬力答。

第36章・扎西

整座寺廟的空間佈局相當特別,最外圍的圍牆呈橢圓形,中央為大殿,大殿被一圈正方形兩層結構的僧舍所環繞,寺廟的四個角還建了佛塔。

馬力和方臉大叔走了一圈,裏面的碑刻壁畫標註的是藏文,只有部分佛像有中文解說牌。

"咱們還是雇個普通話解說員吧!如果拜錯或者拜的方式不對,可能適得其反。"馬力說。

於是他們雇了個穿藏服的解說員,他的普通話說得極好,人也和善。

"我們想拜拜保平安。"馬力對他說。

"好的，我會引導，同時把這座寺廟的精華之處介紹給你們。"

叫扎西的解說員很盡責，馬力和方臉大叔不僅拜了神明，也聽聞了很多有關這座寺廟的歷史和典故。

"桑耶寺融合了藏、漢、印三種建築特色，所以也被稱為'三樣寺'。除了建築風格迥異外，裏面的壁畫尤為驚人，每年都有許多學者和藝術家前來做研究及臨摹。瞧！這幅壁畫便是世界上打馬球活動的最早記錄。"扎西說。

雖然牆壁上的畫已經殘缺不全，但從保留的部分來看，依然可見當時打馬球的盛況，很是精美。

"那這幅呢？又有人又有猴的。"方臉大叔問。

"那是西藏史畫，說的是羅薩女與神猴成婚，繁衍的後代便是西藏人最早的祖先。"

馬力立刻看著扎西的臉。

"你是不是想看看我長得像不像猴子？"他問。

馬力紅了臉。

扎西隨即扮了個猴臉,把尷尬的氣氛給應付過去。

由於整個過程相當愉快,結束時,方臉大叔給了很好的小費。

扎西道謝後收下,同時建議他們可以順道去看看雍布拉康及藏王陵,不遠,離這裏不過一個小時車程。

"會的,但不是今天。等我的孩子病好了,我們全家會一起過去瞧瞧,到時還請你當解說員哈!"方臉大叔答。

第37章・啟程

就是這麼神奇,當馬力和方臉大叔回到"露營地"時,原本病懨懨的行空已經走出帳篷,正坐在折疊椅上喝粥。

"行空,你好了?"馬力驚呼。

"嗯!雖然頭還有點兒暈,但感覺好多了。"

方臉大叔很欣慰,他說看來拜神明還是有用的。

悲傷阿姨接著表示等行空完全好了,他們也該出發,因為時間已經不多了。

她的話讓馬力感到困惑,時間不多是什麼意思?莫非自己的父母……

方臉大叔隨即要馬力宏觀一點兒,這不止關乎到他父母的安危,還包括整個地球。

"哎呀!"馬力用力捶打一下自己的腦袋,"我怎麼忘了這麼重要的事?"

也難怪他會懊惱,馬爾星爆炸後,其內部的核反應會衝擊到距離只有1光年的地球,算一算,還剩下不到四個月的時間。

"行空,你得趕緊好起來,時間真的不多了。"馬力內心祈禱著。

也許上天聽到馬力的祈求,兩天后,他們終於啟程。

"去哪裏?"行空問,他已經恢復往日的氣色。

"我們先到雍布拉康及藏王陵看看,也許能從中發現一些蛛絲馬跡。"方臉大叔答。

第38章・神秘的山洞

馬力一行人下車,眼前是一幢多層建築,再遠一點兒,還能看到一座方形高層碉堡望樓。

"你們來了。"扎西走上前來,"歡迎來到雍布拉康。"

由於兩天前相處愉快,方臉大叔這次又聯繫上扎西,這個康巴漢子依舊兢兢業業。

"雍布拉康在藏語中是'母鹿神殿'的意思,乃因附近的山形類似母鹿而得名。它是西藏史上的第一座宮殿,後來成為松贊干布和文成公主的夏宮,五世達賴時把它改為黃教寺院，裏面供奉的是釋迦牟尼佛。瞧！這幅壁畫描繪的便是西藏的第一位國王、第一座建築和第一塊耕地的歷史故事。"

"《西藏王臣記》中曾經記載有個人下山，當他行經贊唐曠四門平原時，被雍仲本教的教徒攔下，問他從哪裏來？他手指著天，被教徒理解成從天界而來。就這樣，他們把他高高抬起，尊稱他為聶赤贊普，乃肩座王之意，這也是第一代贊普的由來。"

"傳說公元5世紀時，一本佛經從天而降，剛好落在雍布拉康的宮頂上。當時無人能看得懂經書內容，還好有個聖人斷言以後能被破解，所以這本書仍然完好地保留在雍布拉康內。"

……

扎西的解說非常生動有趣，他們都聽得津津有味，最後他不忘問："你們還有想知道的嗎？"

"請問這附近有沒有洞穴？"方臉大叔問。

"洞穴?"扎西想了想,"你的意思是動物用來過冬的洞穴?"

"不是,比那個大得多,也許佔地一公畝都不止。"

扎西答他一時半會兒想不起來,也許給他多點兒時間便能想起。

"沒事,你慢慢想,我們現在到藏王墓看看吧!"

藏王墓離雍布拉康不遠,大約半個小時車程就能到。通過扎西的介紹,他們得知這個墓葬群背靠丕惹山,前臨雅礱河,是吐蕃王朝從第29代到第40代(末代)的贊普、大臣及王妃等的陵墓。目前能確定墓主的有九座,其中最著名的是松贊干布墓,裏面放置了松贊干布、文成公主和尼泊爾公主的遺體及大量文物……

"你想起來哪裏有大洞穴了嗎?"行空突然問起大家都想知道的事。

原以為扎西會忘了此事或根本想不起來,沒料到他還真的把說過的話放在心上並且有了答案。

"從這裏往南開約六小時便能抵達錯那縣，聽說那裏有個神秘的山洞，具體位置在哪裏我就不清楚了。"

這無疑給毫無頭緒的他們打開了一扇窗。

"太謝謝了！"方臉大叔照舊給了扎西很好的小費，"我們這就過去瞧瞧！"

第39章・空間轉換器

從藏王墓往南有無數個之字形的盤山公路，風景雖美，但對人體不啻是一種折磨，最先出狀況的是大病初癒的行空。

"媽，我想吐。"他說。

"想吐？"悲傷阿姨轉頭，"你是不是又病了？"

沒想到叮叮和咚咚也表示想吐。

馬力保持沉默，因為他認為自己是個大男孩，不應該那麼脆弱，所以努力把往外冒的酸水給強壓下去，結果第一個吐的反而是他。

他一吐，其他三個孩子也跟著吐，方臉大叔不得不停下車來。

"看來我們得在此過夜。"悲傷阿姨說。

"也只能這樣了。"方臉大叔無奈地附和。

還好經過一夜的休息,加上出發前悲傷阿姨讓每個孩子都口含薑片,這次沒人暈車,他們也終於能充份欣賞這宛如仙境般的美景。看!藍天、白雲、鮮花、綠地、小溪、瀑布……即使怪石嶙峋,也有異樣的美感。

"這裏好像¥#%@星啊!"行空忍不住讚歎。

馬力以為"外星人"住的星球起碼要高科技許多,怎麼可能像車窗外的原始風貌?

此話一出,方臉大叔不得不向他描述他們住過的馬爾星。

"那是一個非常小的星球,大概步行半天就能全部走完,但實際面積卻比地球還要大,原因在於平行空間。只要願意,任何居住在星球上的人都可以隨時走入不同的次元……"他說。

馬力還是聽不明白,方臉大叔只好舉例說明:"好比你正在海邊曬太陽,通過空間轉換器,瞬間便能讓你站在雪山上瑟瑟發抖。"

這也太神奇了,簡直像在變魔術。

"你們的星球上也有動物嗎?像貓狗之類。"馬力突然感到好奇。

"當然有。"

"樹和花呢?"

"也有。"方臉大叔停頓了一下,"這麼說吧!馬爾星就是微縮版的地球,它的空間可以任意壓縮及變大,所以居住在那裏的人一點兒也不覺得擁擠。"

這下子馬力恨不得能親眼目睹及置身於那個令人嘖嘖稱奇的星球,可惜它已經爆炸,不復存在了。

"馬力,現在你知道我們為什麼急於挽救地球了吧?!它讓我們想起了自己的故鄉。還有,我們相信你父親一定能在浩瀚的宇宙中找到另一個馬爾星,那是我們活下去的動力和希望。"悲傷阿姨說。

第40章・勒布溝

當蒙古包和土房消失,替代的是鋼筋水泥建造的現代化房子時,馬力知道他們已經抵達錯那縣城區,只是這裏和山南沒得比,落後太多了。

由於沒找到飯館,悲傷阿姨把風乾牛肉拿出來,再給每個人一碗熱湯,算是把午餐給解決了。

"方……葛叔叔,他為什麼一直看著我們?"

馬力說的是站在不遠處的小男孩,他有大大的眼睛和駝峯般的鼻子,臉頰上還有兩朵高原紅。

"也許他沒看過房車。"方臉大叔隨口一答。

馬力再度望向小男孩，當四目相對時，那孩子笑了。

"你過來，"馬力向他招手，他果真走了過來，"給你一片牛肉乾吃。"

小男孩沒接，反而說起藏語，如果馬力沒猜錯，那男孩問他們要不要吃雞？

"他問我們要不要吃雞？"悲傷阿姨翻譯，"他的父母開了一家店，就在附近。"

果然是問要不要吃雞，馬力頓時對自己的藏語聽力增加不少信心。

"我想吃雞。"叮叮說。

"我也要。"咚咚說。

打從來到西藏，馬力就沒吃過兩隻腳的動物（牛羊豬肉倒是吃得不少），如今有雞可吃，豈能錯過？

既然無人反對，他們全把牛肉乾放下，跟著男孩覓食去。

男孩的家和店緊挨一起，就藏在一棟兩層樓建築的後面，一般人估計找不著，也難怪他的父母要差他上街拉客。

出乎意料的是，如此簡陋的店卻做出不俗的味道，他們個個吃得眉開眼笑。

用餐完畢，方臉大叔問多少錢？店主人很扭捏，半天給不出個價錢，方臉大叔只好把錢放下。誰知小男孩的父親後來追了上來，執意要退還給多的錢。

方臉大叔見推不掉，只能收下，同時讓自己的太太當翻譯，問這附近可有大山洞？

別看方才還很閉塞的人，此時卻侃侃而談，如果馬力猜得沒錯，他說的是從這裏往西南方向去有個很長的峽谷叫勒布溝，那裏有個山洞，進去的人沒見出來過，所以他猜裏面應該很大。

"從這裏往西南方向去有個很長的峽谷叫勒布溝，那裏有個山洞，進去的人沒見出來過，所以他猜裏面應該很大。"悲傷阿姨翻譯。

"Yes！"馬力的內心激動不已，原來他的藏語聽力已經進步如此神速。

這次方臉大叔把錢又給了男人，請他帶路。

小男孩的父親猶豫了一下，最後還是收下。

當車子發動後，馬力看到有四個男人先後步入店內，從衣著看，不像本地人。

"真奇怪！這麼偏僻的一家店怎麼突然來客人了？"馬力心想。

第41章・準備進山洞

勒布溝很類似四川的峽谷地帶,從山頂到山腳的垂直落差能達到一千多米。雖然地形險惡,但有弊就有利,這裏的空氣濕潤,當雲霧繚繞時,彷彿置身水墨仙境當中,可是等太陽一露臉,它又是另一番景像,就算用最高清的攝像頭也拍不出那種攝人心魂的美麗。

"$&#@……"小男孩的父親突然指著一個被綠植覆蓋的地方喊。

方臉大叔停下車來,問:"是不是這裏?"

"是。"馬力和悲傷阿姨齊答。

悲傷阿姨轉頭看著馬力,似乎有點兒迷惑。

此時小男孩的父親又說話了，意思是他只能送到這裏，現在他要步行回家。

方臉大叔聽完直說不可以，從這裏步行回家恐怕得走上好幾個小時，路上又不乏飛禽猛獸，萬一有個閃失，如何向他的家人交待？

當悲傷阿姨代為傳達送他回家的意思後，那男人推辭再三，見躲不過，竟打開車門跑了。

"哎！他也太客氣了。"方臉大叔邊看著遠去的背影邊無限感慨地說。

"可是……"馬力開口。

"什麼？"葛家人齊問。

"可是我總覺得哪裏怪怪的，他好像很害怕的樣子。"

悲傷阿姨表示這不難理解，小男孩的父親不是說進去山洞的人就沒見出來過嗎？他大概害怕擔責，畢竟他是領路人。

說得合情合理，馬力立刻釋懷了。

"孩子們，"方臉大叔喊，"請帶好個人隨身用品，越精簡越好，也許我們會待在山洞裏數日到數十日不等，請做好心理準備。"

於是馬力將自己的衣物、毛毯及望遠鏡放進小背包裹,加上悲傷阿姨給的牛肉乾及壓縮餅乾,再也塞不進任何東西。

"水呢?"馬力突然想起,"我們總不能不喝水吧?!"

"山洞裏應該會有水源。"行空答。

"應該?萬一沒有怎麼辦?"

悲傷阿姨開口了:"萬一沒有的話,我們也只能撤了,因為水太重,不可能攜帶。"

此時馬力好希望水也能像膠囊一樣容易攜帶,如果為了水源前功盡棄,未免可惜。

"給!"方臉大叔遞給每個人一頂帶燈的頭盔,"為了安全起見,你們全都戴上,頭燈是照明用的。"

他不說,馬力根本不會想到山洞裏黑漆嘛烏的。

"如果頭燈的電使用完畢怎麼辦?難道又撤?"馬力又發問。

"不用擔心,我們全家都自帶電源。"行空答。

"什麼意思？"

行空隨即握住他的手，不一會兒，馬力猛然跳開。

"現在知道了吧？"那個瘦小的男孩笑了，"所以你無需再擔心電量耗盡的問題了。"

第42章・溶洞

這個被綠植覆蓋的洞口不到半人高,如果不是有人帶著,極易錯過。

馬力和葛家人一一弓著身子進入,爬了約莫一百米才直起腰桿。

"哇噻!我還以為整個通道都得匍匐前進。"叮叮道出大家的心聲。

"孩子們都在嗎?"方臉大叔問。

"在。"

悲傷阿姨說這樣不行,得報數。

於是他們依據年齡大小報數,行空最小,當他報完,代表點名完畢。

"太好了，都在。"方臉大叔精神奕奕，"現在我領路，孩子的媽殿後，有事喊一聲。"

這個洞穴初看並沒有什麼特別之處，直到有冰涼的液體滴了下來，馬力才感覺有些不對勁。

"下雨了嗎？"他喃喃道。

叮叮和咚咚聽完笑不可遏，直呼不可能。

"哎喲！"行空忽然跌坐在地上。

緊跟在後的悲傷阿姨連忙將他扶起，問："你還好吧？"

行空答地上有東西，他是被絆倒的。

眾人隨即查看，果然地上有個突起。

方臉大叔蹲下去摸了摸那個東西，說："這是石筍啊！"

"石筍？"孩子們齊喊。

"嗯！它是由飽含碳酸鈣的水通過洞頂的裂隙滴至洞底，日積月累而成。讓我找找，這附近應該還有石鐘乳和石柱。"方臉大叔站起來東張西望，"沒錯，那些自洞頂往下垂掛的便是石鐘乳，左前方那幾根則是石柱,它是由石鐘乳和石筍連成一體而成。瞧!地上還有溶溝......原來這是個溶洞啊!"

接下來行空為大家進一步科普,但馬力的注意力被帶開,顯得心不在焉。

"馬力,你還好吧?"方臉大叔問。

"好......不,不好,那些奇形怪狀的峭壁看著挺嚇人的。還有,我擔心溶洞裏即使有水也喝不了,你不是說水飽含碳酸鈣嗎?"

"我倒覺得峭壁看起來挺美的,至於飲水問題,你大可放心,雖然溶洞裏的水硬度偏大,長期喝的確不妥,但短期內飲用不會有大礙。"

聽完解釋,馬力鬆了一口氣,他可不願因為水的問題而壞了大事。

他們繼續前行,沿途地勢可用"千奇百怪"來形容,寬的地方像廣場;窄的地方才通人;高的地方有十幾層樓高;矮的地方得爬行。

走了約莫兩、三個小時後,他們同時聽到悅耳的聲音。

"這可是流水聲?"叮叮問。

"聽著像是，"她的妹妹答，"哇！終於能喝口水，渴死我了！"

這個突來的變化讓他們加快腳步，然而越靠近，不安的情緒也油然而生，因為轟隆隆的聲音可不像小河流淌。

"天哪！"領路的方臉大叔駐足感歎。

大家紛紛湧上前去，結果全被眼前的景像給驚呆了，誰能想到洞穴裏也會有瀑布（還是個十幾米寬的大瀑布）呢？

"這下子我們可以喝水喝個痛快了。"悲傷阿姨說。

第43章・通過瀑布

就在大如雷聲的瀑布下，他們吃了點兒東西，也喝了水。小憩過後，方臉大叔催促大家啟程，只是眼下出現了問題。

"爸，"行空推一推他的黑框眼鏡，"這要怎麼過？"

行空的疑問也是馬力的疑問，前方是個十幾米寬的瀑布，無其他通道，意思是除了涉水而過，沒別的法子。

"看來只能走過去了。"方臉大叔答。

"走得過去嗎？"悲傷阿姨開口，"也不知水深不深。"

說的也是。

於是方臉大叔要大家幫忙找石頭，越大越好。

別看叮叮是個女孩子，她撿的石頭最大。

方臉大叔讚揚過後，拿起叮叮撿的石頭一扔，他們同時聽到石頭觸碰到水底的聲音。

"看來水不深嘛！"方臉大叔下結論。

"等等。"悲傷阿姨拿起自己撿的石頭用力一拋，除了入水時"咚"的一聲外，沒有其他回音。

這個結果無疑晴天霹靂！

"我不會游泳。"行空首先發難。

"我背你，"方臉大叔轉看馬力，"你會游泳嗎？"

"會，可是……"

"可是什麼？"

馬力答這麼一游，所有的隨身物品豈不全濕了？

悲傷阿姨要馬力無庸擔心，她早未雨綢繆，事先準備了防水罩。

就這樣，大家把罩上防水罩的背包綁在腰間，然後一一入水。

游泳的過程相當順利，只是通過瀑布的瞬間像有千萬把刀從天而降，那種瀕臨死亡的滋味，一次就夠了。

上岸後，方臉大叔要大家報數，行空最小，當他報完，代表點名完畢。

"太好了，都在。"方臉大叔精神奕奕，"現在我們找個地把濕衣服換下，同時升火取暖，病倒了可不好玩。"

火升起來後，身體溫暖了，馬力心想如果能再來杯熱飲就更好了。

"想喝熱茶的舉手。"悲傷阿姨突然問。

馬力感覺像在做夢，但仍毫不遲疑地舉手。

全票通過後，悲傷阿姨從她的背包裏拿出一個折疊式鐵片，一番操作下成了鐵壺，接著她差叮叮拿著鐵壺去取水，自己則把矽膠做的壓縮杯一一打開。

"悲……巫阿姨，妳的背包簡直是百寶箱。"馬力讚歎。

"哈！這叫窮則變，變則通。"她答。

喝完熱茶,馬力感覺全身上下彷彿通了暖流,無比舒暢。

"孩子們,時候不早,也該出發了。"方臉大叔喊。

"好咧!"大家齊答。

第44章・突來的變化

由於叮叮和咚咚一直咬耳朵，跟在後面的馬力很不耐煩。

"妳倆能不聊天嗎？這嚴重影響前進的速度。"馬力的脾氣還是爆發了。

"我們聊的是正經事。"咚咚說。

"呵！說來聽聽。"

叮叮要咚咚別說，但咚咚執意要說，兩人一言不合竟打起來，兩個大人不得不介入。

"有什麼事可以商量，犯不著動手。"方臉大叔說。

"沒錯，妳倆的年紀最大，應該給弟弟們做榜樣，怎麼動起手來？"悲傷阿姨說。

"可是……"叮叮和咚咚同時說。

"可是什麼？"方臉大叔看著欲言又止的兩姐妹，"叮叮，妳是大姐，妳說。"

此時的叮叮成了啞巴，於是方臉大叔把目光擺在咚咚身上。她倒爽快，一五一十全交待了。

"這是真的嗎？"方臉大叔問叮叮，"妳取水時看到瀑布的另一端有人？"

"……嗯！"

"認識嗎？"

叮叮點頭，隨即又搖頭。

悲傷阿姨急了，問她到底認識還是不認識？

"那個人是小男孩的父親。"咚咚代答。

這個回答太震撼了，小男孩的父親不是已經跑了？如果路上沒被飛禽猛獸吃掉的話，早到家了，怎麼可能又趕回？

"叮叮，妳是不是看錯了？"悲傷阿姨一臉嚴肅地問。

沒料到叮叮"哇"的一聲哭了出來，等她平靜下來後，方臉大叔才問她為什麼哭？

"我知道你們不會相信，所以要咚咚別說，結果她還是說了，可是……可是你們依然不相信。"

"我相信妳，"方臉大叔的語氣轉為溫柔，"告訴我，瀑布的另一端只有小男孩的父親嗎？"

"不止一個，但我只認出他來。"

突來的變化讓人措手不及。

"也……也許他們只是探險而已，玩完就回去。"馬力說。

"不對，"行空推一推他的黑框眼鏡，"小男孩的父親明明說進山洞的人沒見出來過，他為什麼要冒險？這沒道理呀！"

的確沒道理，他們全體陷入沉默。

"我看我們還是趕緊走吧！"叮叮忽然開口，"也許他們很快會趕上來。"

"妳什麼意思？難道他們在追趕我們？"馬力問。

"我看見他們下水了,但不知何故,又重新回到岸上,大概没料到水會那麼深吧?!當然,也有可能他們現在已經放棄了。"

"不管怎樣,路還是要走。"方臉大叔長嘆一口氣,"別人想怎樣,我們管不著,也没必要管。"

第45章・羅盤

穿過地下瀑布後，岩溶地貌的種類更齊全了，除了之前看過的石鐘乳、石筍、石柱外，又多了石幕、石瀑布、石旗、石帶、石盾、石葡萄、石珊瑚……等。這麼奇特的地質風貌，全世界大概屈指可數吧？！

"怎麼又此路不通？這要走到什麼時候？"叮叮沒好氣地說。

也難怪她會抱怨，他們一行人已經花費數小時在原地打轉，因為這裏不僅洞中有洞，還有洞上洞、洞下洞、洞連洞、洞疊洞……等，而最讓人心力交瘁的是不論他們如何嘗試，最後又會回到似曾相識的地方。換句話說，他們就是迷宮裏的老鼠，如果有人站在制高點觀察，恐怕要笑得前仰後合。

"我累了。"行空坐了下來。

馬力跟著坐下，但感覺屁股涼涼的，低頭一看，發現自己正坐在一塊巴掌大的黃褐色石頭上。

"要不，把那個東西拿出來用。"悲傷阿姨對方臉大叔說，聲音雖小，但大家都聽到了，包括正在把玩石頭的馬力。

"什麼東西？"叮叮問。

悲傷阿姨解釋方臉大叔有個羅盤，測方位挺準的。

說起那個神奇之物，馬力倒是見過，它不止能測方位，連時間也掐得精準，好比那趟海底之旅。

"那還等什麼？"咚咚問。

"聽著，"方臉大叔巡視一遍，確定每個孩子都在聆聽，"這個羅盤使用一次後，可能要等待很久才能再次使用，所以我們要把機會留在刀口上。"

原來如此。

由於無人表態（大概害怕擔責），悲傷阿姨提議投票決定，結果四隻小手齊刷刷舉了起來。

方臉大叔無奈地對悲傷阿姨說：" 看來即使我倆投反對票也無濟於事。"

第46章・千手觀音

馬力撿到的石頭上面有不規則的黑色點狀花紋，大部分呈圓形，好像有好幾隻黑色的眼睛。

他把黑眼石頭塞進自己的褲兜裏，然後跟隨羅盤的指示前進，然而七拐八繞後，他們還是走入死胡同裏。

"怎麼又此路不通？這要走到什麼時候？"叮叮沒好氣地說。

也難怪她會抱怨，本以為羅盤會指點迷津，結果還是大跌眼鏡，不免氣結。

"不應該呀！"方臉大叔看著手中的羅盤，"指針明明指向這裏，怎麼又被封住了？"

"被封住了？"馬力重複方臉大叔說過的話，"會不會是石柱？"

此話一出，眾人的眼睛亮了。

悲傷阿姨的動作最快，她首先走過去查看。

"不是石柱，是石幔。它是由含碳酸鈣的流水沿洞頂及洞壁傾斜沉澱而成，因為是層狀堆積，所以看起來就像一塊布垂掛下來。"

悲傷阿姨的解釋證實很久以前這裏有個通道，後來被石幔給擋住了。

"這下該怎麼辦？"行空問。

叮叮答何難之有？然後和妹妹互看一眼後，把石幔當沙包使。方臉大叔想阻止已經來不及，裂開的縫隙剛好夠一個人穿行。

"方……葛叔叔，你為什麼要阻止？"馬力不解地問。

"這石幔是經過幾千年甚至上萬年堆積而成，你說我能不阻止嗎？"

叮叮和咚咚這時才發現闖大禍了，連忙道歉。

"事到如今，也只能將錯就錯了。"悲傷阿姨說。

"看來也只能這樣了，"方臉大叔轉看她倆，"沒想到二位堪稱宇宙最強之無敵女金剛。"

馬力第一次發現原來那兩位最愛取笑自己的姐妹也會臉紅，原因還是因為父親的另類取笑。

"既然洞口打開了，事不宜遲，誰先進？"悲傷阿姨問。

"身先士卒的事還是由我來做吧！"方臉大叔答。

他一腳跨入後，叮叮、咚咚、馬力、行空也跟著進，等悲傷阿姨也發出讚歎聲，代表六口人全到齊了。

"爸爸，祂為什麼有那麼多隻手？"行空問。

"我也不清楚。"

馬力曾在書中看過相關報導，所以不吝告知。

"這是千手觀音，祂是一位具有超能力的神。傳說為了普度眾生，祂分身成四十二位菩薩，無量佛後來幫著把四十二個分身撮合在一起，只留下四十二隻手臂。你們看，除了本尊的兩隻手外，左右還各有20隻手，每隻手代表25隻，象徵背後有1000隻手，所以號稱千手觀音。"

"祂的手上拿的是什麼？"叮叮問。

"是法器，為了解救蒼生及對付妖魔鬼怪用的。"

咚咚接著問："為什麼每隻手的掌心都有眼睛？"

眼睛？馬力仔細觀察，果然有。

"這……這我就不清楚了。"馬力答完，突然想起褲兜裏的石頭，它也有"眼睛"，還不止一個。

雖然馬力解答了部分疑惑，但並沒有進一步解決目前的困境，因為他們來到的是一個結實的密室，目測沒有任何出路。

"快看羅盤怎麼指示。"馬力忽然想起。

方臉大叔答："完了！這指針轉個不停，看來羅盤又當機了。"

"既然這樣，大家幫忙找找附近有沒有開關，因為奇幻小說裏都是這麼安排的。"

馬力的說法怪怪的，但眼下也沒別的法子，只好死馬當活馬醫。

最先發現千手觀音的底座有個暗格的是行空，這讓大家振奮不已。

"等等，"馬力突然阻止，"會不會一打開就有暗箭射出或散發出致命毒氣？"

葛家人像看怪物一樣地看著馬力。

"呃......盜墓小說裏是這麼寫的。"他弱弱地解釋。

這回答讓大家頓時無所適從。

打破僵局的是悲傷阿姨，她說："我們總不能一直杵在這裏，還是投票表決吧！"

結果葛家人全數贊成打開。

馬力無奈地表示："看來即使我投反對票也無濟於事。"

第47章・黑眼石頭

"既然表決通過,事不宜遲,誰去打開?"悲傷阿姨問。

"身先士卒的事還是由我來做吧!"方臉大叔答。

這個暗格約皮夾大小,打開前,方臉大叔要大家都讓開,大概他也害怕真如馬力所言,會有暗箭射出或散發出致命毒氣。

在確定悲傷阿姨和四個孩子都退下後,方臉大叔打開暗格(還好沒有暗箭射出,也沒有毒氣外洩)。定眼一瞧,裏面有一個銅環,像極了古代的門環,只是個頭小很多。

方臉大叔一拉，没料到突然天搖地動起來，他没站穩，跌倒在地。

"葛立～"悲傷阿姨嘶吼。

"別過來，通通退後！"方臉大叔喊。

悲傷阿姨慌忙帶著孩子們退到更遠的地方，等"地震"停歇後，她說："你們都待在這裏，如果有什麼事不對勁，立即逃跑。"

"媽，妳去哪裏？"叮叮問，聲音是顫抖的。

"我去看看情況，一會兒就回。"

這個"一會兒"老長，馬力坐不住，表示要去查看一下。

"我媽要我們待在這裏。"行空說。

"她是你們的媽媽，你們當然得聽話，我不一樣，說白了就是個外人。"

"不行，"叮叮擋在他面前，"我們四人得同進退。"

馬力問什麼意思？她答要嘛一起去查看，要嘛通通都留在原地等待。

"我想一起查看。"行空說。

"我也是。"咚咚說。

"看來三比一。"馬力說。

"誰說三比一?"叮叮睨了他一眼,"我也想一起查看。"

他們進到密室,發現千手觀音的位置往前挪了約四米,以致背後留下空間,然而那不只是一塊空地而已,而是一個坑,不深,大概普通桌子的高度。

"爸、媽,你們在幹嘛?"行空喊。

悲傷阿姨從蹲著的位置抬起頭來,答:"我們在看有趣的東西。"

馬力也注意到他倆的腳底下全是藏人喜歡佩戴的天珠、蜜蠟、綠松石、銀腰帶……等,拿去賣應該能換不少錢,但一點兒也不有趣,這些東西在西藏很常見。

"我們能過去嗎?"馬力問。

"當然。"

於是他們一一入坑,這才發現夫妻倆看的是一張犛牛皮。

"行空,"方臉大叔讓開身來,"你看看這些梵文寫的是什麼?"

行空舉起犛牛皮，專注的神情像在研究什麼高深的學問。

馬力探頭過去，發現犛牛皮被小刀刻下兩行字。他認出其中幾個藏文，但梵文的確不懂，想必悲傷阿姨也有同樣的困擾。

不一會兒，行空開始解讀，搖頭晃腦的樣子像在朗讀詩歌。

黑色的眼睛指向光明，

一隻倒掛的老鼠、兩條吐信的蛇和三個拈花的女人。

"這是什麼意思？"叮叮問。

"也許是經文，誰知道呢？反正宗教的東西都有點兒玄。"行空答。

馬力有不同的見解，他認為這是一張藏寶圖，用文字敍述的藏寶圖。

方臉大叔問何以見得？

馬力從褲兜裏掏出石頭，答："你們看這石頭像不像長著黑色的眼睛？"

叮叮和咚咚聽完大笑不已，但被悲傷阿姨給制止了。

"我認為馬力說的不無道理，這塊犛牛皮很可能藏著大秘密。"

"何以見得？"方臉大叔又問。

"你看，"悲傷阿姨指向千手觀音的背部，"那裏凹進去一個小洞，輪廓是不是很像馬力手中的石頭？"

"看起來很像，但要說有什麼關聯，似乎有點兒牽強。"

"那麼何不試試？"

"怎麼試？"

悲傷阿姨喚來叮叮，要她爬上去，把石頭塞進那個凹洞裏。

叮叮三兩下就完成使命，可是什麼事都沒發生。

"看來這是個很有意思的聯想，"方臉大叔拍拍悲傷阿姨的肩膀，"沒關係，總歸是嘗試了。"

馬力心想既然沒用，他想要回自己的黑眼石頭，然而沒等他開口，地底下彷彿有萬馬在奔騰，緊接著地層下陷。

"啊～"、"啊～"、"啊～"……尖叫聲不絕於耳。

第48章・隧道

馬力感覺身上的骨頭全散了。

"媽,我的腳不能動。"

聽行空這麼一喊,所有人都跳了起來,包括馬力。

"寶貝,"悲傷阿姨首先衝上去,"你怎麼了?媽看看。"

行空本來就體弱,現在看起來更糟糕,不僅臉色慘白,身體還掛了彩。

方臉大叔說:"行空,動動你的右手……很好;動動你的左手……很好;動動你的右腳……很好;動動你的左腳……行空,動動你的左腳。"

屏息一分鐘後，行空的左腳終於動了，大夥兒這才鬆了一口氣。

隨後，叮叮和咚咚幫著悲傷阿姨把行空扶起，他像個經過浩劫後的難民。

"咕咚……咕咚……咕咚……"一粒小石頭滾落下來，不偏不倚就落在馬力腳邊。

他抬起頭來，看到一個人頭在晃動。

"喂～"馬力喊。

那個人頭馬上縮了回去。

叮叮問馬力在喊什麼？他答他看到小男孩的父親了。

"你會不會看錯了？"叮叮又問。

馬力感到迷惑，不久前她還因為大家不相信她看到小男孩的父親而嚎啕大哭起來，如今她卻質疑他。

"看錯的是小狗。"馬力大無畏地答，然後對空喊了幾聲，可惜沒有任何回音。

"看來你是小狗，汪汪！"叮叮說。

馬力氣得頭頂冒煙，但又無法反駁。

"好了，別取笑馬力，辦正事要緊。"方臉大叔對叮叮說。

"辦什麼正事？即使我們六人疊羅漢也爬不上去呀！"

叮叮說的不無道理，現在這個坑足足有六層樓高，除非是蜘蛛人，否則根本爬不上去，何況六人小組裏還有一個男版林黛玉—行空。

"完了，我們就要坐以待斃。"咚咚說完，席地而坐。

馬力開始感到害怕，他才13歲，可不想這麼快就"英年早逝"。

"媽呀！什麼東西？"咚咚從地上跳起，"蟑螂！怎麼會有蟑螂？"

馬力低頭一看，腳底除了天珠、蜜蠟、綠松石、銀腰帶……之外，還出現了蟑螂，而且數量越來越多，有的甚至張開翅膀飛了起來。

他們手忙腳亂地驅趕這些不速之客，然而一點兒用處也沒有。

"討厭的東西！它們都是打哪兒來的？"叮叮氣急敗壞地說。

一語驚醒夢中人，馬力趕緊查看。這一看不得了，原來蟑螂大軍全從一個小洞口鑽出來。

馬力立刻指給大家看。

"快！用手挖挖看。"方臉大叔下令。

在12隻手的齊心協力下，沒幾分鐘便把洞口給挖開了，裏面有一條長長的低矮隧道。

"別告訴我得爬進去。"行空推一推他的黑框眼镜，"裏面搞不好有毒蠍子，我寧願待在這裏。"

"你不能待在這裏，待在這裏只有死路一條，最後的結局必是互相殘殺。你最虛弱，肯定第一個被我們吃掉。"悲傷阿姨表情嚴肅地說。

行空嚇得雙腿打顫。

悲傷阿姨見狀，忙要孩子的爹趕緊身先士卒。

方臉大叔一鑽進隧道裏，行空馬上跟進，像背後有成群的飢餓野獸在追趕。

第49章・石化湖

這條隧道長得好像沒有盡頭,更糟糕的是到處橫行的不僅僅只有蟑螂而已,尚包括各種稀奇古怪的蟲子。

馬力感覺噁心至極,但又能如何?只能暗自祈禱這個要命的爬行快點兒結束,因為他的兩個膝蓋已經開始疼痛。

"哎呦!"馬力的頭燈撞上咚咚的屁股,她喊叫一聲。

"幹嘛不爬?"馬力問。

咚咚問前方的叮叮:"幹嘛不爬?"

叮叮問前方的行空:"幹嘛不爬?"

行空問父親:"幹……你怎麼了?"

方臉大叔沒回答，但隊伍又鬆動起來，馬力也開始匍匐前進。不一會兒，久違的自然光漸漸透了進來，這是個好信號，馬力加快爬行的速度。

"哇！"、"哇！"、"哇！"……當殿後的悲傷阿姨爬出隧道，同時發出"哇！"的一聲，代表六口人全到齊了。

該怎麼形容眼前的景像呢？

這是個微縮版的盆地，峻峭的山壁圍成一個不規則形，抬頭可見橘紅色的雲彩，對應酒紅色的湖泊，彷彿有個隱形人點燃了火焰。

"好奇怪的顏色，我以為湖水都是藍的，"叮叮走了過去，"這蜥蜴是怎麼回事？一動也不動。"

叮叮說的蜥蜴就站在湖邊突出的石塊上，身體的顏色呈水泥色，已經僵硬，樣子更像一件沒有生命的雕塑品。

"渴死我了！"咚咚邊說邊走了過去，正要掬水喝時，被行空大聲喝止。

這個瘦小的男孩很少失控，他的反常表現挺叫人吃驚的。

"行空，你是不是發現什麼異常之處？"方臉大叔問。

行空推一推他的黑框眼鏡，答："東非大裂谷的東部有個納特龍湖，又稱石化湖，湖水呈酒紅色，我看跟這個很像。"

"原理是什麼？"馬力不恥下問。

"石化湖的水源來自富含火山熔岩的水流，所以我猜這附近應該有活火山。眾所周知，熔岩是熱的，久而久之，湖水中產生一批又一批耐鹼性及耐高溫的微生物，這些微生物的大量存在使得湖水呈現美麗的酒紅色。你們看，那些堆積在湖畔的白色物質便是湖水蒸發後的碳酸鈉結晶，換言之，如果有生物不小心掉入湖中，身上飽含礦物質的水會在高溫下快速蒸發，而蒸發後的堅硬結晶物又會迅速將身體鎖住，相當於石化作用。"

聽完行空的解釋，他們陸續又發現石化了的禿鷹、藏羚羊、長尾猴、果子狸……等。

"太可怕了，這裏簡直是人間煉獄，還好沒有人類受害。"

悲傷阿姨一說完，尖叫聲響起。

"那……那……"嚇壞了的叮叮指著遠方,"湖上漂的是不是人?"

湖的另一端約有一公里遠,視力所及實在分辨不出什麼,於是馬力把自己的望遠鏡拿出來,可惜仍看不出個所以然,只能說要嘛叮叮有千里眼,要嘛她想多了,何況……

"不可能是人啦!如果是,早沉入湖底了。"馬力振振有辭。

行空又推一推他的黑框眼鏡,答:"這是個鹹水湖,鹽的比例相當高,也就是說人體不可能沉入湖底。"

這個回答讓叮叮所言的可信度提高了。

"萬一是人,他們又會是誰呢?"咚咚接著問。

"這個問題只能親眼見證,況且是不是人還無法下定論。"方臉大叔答。

馬力想起小男孩的父親曾說過進山洞的人就沒見出來過,莫非……

"我不想去。"行空首先表明立場。

"我想去。"叮叮唱反調。

於是悲傷阿姨要大家投票決定，表決的結果五比一。

"哎！死屍有什麼好看的？"行空唉聲嘆氣地答。

第50章・人間煉獄

這是一個南北長約一公里,東西寬約一百米的狹長形湖泊,看似美麗,其實暗藏殺機,那酒紅色的水色讓馬力聯想起"血流成河"那句成語。

"嘖嘖嘖!"叮叮邊走邊搖頭,"這些動物是怎麼了?看到別的動物已經遇害還跟著走上黃泉道,沒見過這麼笨的!"

咚咚答:"也許它們渴了,不,一定是渴了,而且渴得不得了。"

馬力看到咚咚的嘴唇乾裂,她已經第二次提到口渴。

其實何止她,馬力也口渴到不行,他幻想眼前能出現一條涓涓流淌的清澈小溪,而不是中看不中喝的酒紅色湖泊。

然而越往前走去，遇害的動物越多（其中不乏瀕臨絕種的稀缺動物），這個幻想也一點一滴地幻滅了。

"造孽呀！還好沒有人類受害。"

悲傷阿姨一說完，尖叫聲響起。

"那......那......那是什麼？"嚇壞了的叮叮指的是十步之遙的雪人。

說"雪人"是因為他的全身佈滿白色結晶物，從趴著的身形看，的確很像人類。

方臉大叔第一個走上前查看，並且得出這是個藏人的結論。

"何以見得是藏人？"馬力問。

"他的耳環是圓形綠松石垂掛一顆紅珊瑚，這是西藏農民最喜愛的耳環樣式。"方臉大叔答。

有了第一個受害人，接下來即使發現更多也不那麼吃驚了，因為死者們的姿態雖然各異，但由於都被碳酸鈉結晶給包裹住，就算面容猙獰也看不出來，不過馬力還是分辨出其中有幾個是漢人，因為他們戴的帽子非傳統藏帽。

"這些都是什麼人呀！難道和我們一樣，也是為了地球軸心而來？"叮叮問。

"我看不像，知道地球軸心的人不多，一般老百姓只關心錢。"

咚咚問什麼意思？她的父親答："如果猜的沒錯，這些人都是來尋寶的，沒想到最後渴死在這裏。"

"可是⋯⋯"馬力問。

"可是什麼？"十隻眼睛齊刷刷對準他。

"可是石幔的生成很緩慢，我們既然是第一個破壞石幔的人，代表幾千、幾萬年來都不可能會有人類出現在這裏，這個推論和眼前的一切不符，他們明明都是現代人。"

沉默許久的悲傷阿姨此時開口了，她說："馬力，你看四周群山環繞，如果再仔細瞧，洞口可不止一個，意思是這裏就像個大迷宮，我們不過是從其中之一冒出來，這可以解釋為什麼那些死去的人的所在位置都相距甚遠。"

聽完分析，馬力再仔細查看，果然見到大大小小的洞口有十幾個。

"完了，待會兒要怎麼回去？我連我們從哪裏冒出來的都搞迷糊了。"叮叮說。

咚咚氣若如絲地表示她不關心那個，只關心哪裏有水，再不喝水她就要渴死了。

然而一行人一直走到湖的盡頭，仍然沒有發現水源，倒是又見到死人一批，看人數可以組成一支籃球隊。

"水⋯⋯水⋯⋯我要喝水⋯⋯"說完，咚咚倒了下來。

悲傷阿姨忙扶住她，同時喊："孩子的爹，快想想辦法呀！"

方臉大叔很快掏出羅盤，可惜指針依舊轉個不停。他無奈地表示目前只能等待羅盤再次起作用，因為這裏的洞穴太多了，一旦走錯，情況可能更糟。

"那怎麼辦？天色暗了，水又喝不了，不止咚咚口渴，我相信大家都渴得要命。"馬力說。

正當無計可施之時，還好行空靈光乍現，他提議升火烤石頭，再用衣物包住烤過的石頭，如此一來，明天天亮前就能喝到水，原理是⋯⋯

"我們不關心原理，只要有水喝就行。"馬力抓住他像抓住救命稻草，"回答我，你說的可是真的？不會騙人吧？！"

行空推一推他的黑框眼鏡,答:"騙人的是小狗。"

"既然這樣,大家分頭找石頭吧!"方臉大叔下令。

第51章・吃雞

由於口渴得要命,一行人將烤過的石頭用衣物包裹好後,全入睡了,連乾糧都沒吃,怕食用過後口更渴。

隔天,當天際出現魚肚白,馬力一躍而起,還因用力過猛,差點兒跌跤。

"快!有水喝了。"他興奮地喊著。

葛家人一骨碌爬起,尤其是咚咚,她第一個衝上前去,當觸碰到濕漉漉的衣服時,差點兒流下感動的淚水。

"慢點兒喝,小心全滴地上了。"悲傷阿姨叮嚀著。

這水彌足珍貴,即便夾雜著汗臭味,也宛如瓊漿玉液般可口。不諱言地說,此時就算有人拿著黃金來換也換不了，畢竟在生命面前，再多的錢財也不過是浮雲而已。

"行空，謝謝你！如果沒有你的聰明才智，這個死亡湖泊大概又要添上六個人。"馬力無限感慨地說。

"哪裏，你們會的，我未必會。"

行空的回答真正應驗了那句話—越厲害的人越謙虛。

解決了口渴問題後，悲傷阿姨提議找個山洞躲一躲，順便吃點兒東西，因為等太陽升起，這裏又要熱得像火爐。

"找哪個？可見的山洞就有十幾個。"叮叮問。

咚咚答："找面北的吧！面北的比較陰涼。"

於是方臉大叔拿出羅盤找面北的方位，沒料到此刻的他卻噢噢噢個不停。

"怎麼了？"悲傷阿姨問。

"羅盤指針的旋轉速度慢了下來，大概待會兒就能指點迷津了。"

方臉大叔一說完，五個腦袋瓜齊齊伸了過去。不一會兒，叮叮激動地喊叫起來：「停了，停了，指針停了，就是那裏，洞頂上站著一隻雞的那個。」

馬力不認為那是雞，應該是像雞的一種鳥類吧！

「太好了，」悲傷阿姨難得露出笑臉，「孩子們，你們多久沒吃雞了？」

第52章・消失的悲傷阿姨

"這不是雞,肉好柴呀!"馬力說。

行空邊啃骨頭邊答:"不是雞肉也很好吃。"

他說的對,難得有頓熱食,就算肉再柴,到了嘴裏也美味無比。只是這隻"雞"實在太小了,六個人根本不夠吃,連"雞頭"也成了香餑餑。

等食物都消滅完畢,方臉大叔喊:"該上路了!"

眼前的這個洞穴雖然也是溶洞,但好走很多,至少不用弓著腰,地上也沒有石筍之類的障礙物。

走了約莫五百米後,他們遇到第一個三岔口。

"走哪個?"叮叮問。

"我看羅盤怎麼指示哈!"方臉大叔答。

就這麼著,他們一路靠著羅盤,走得相當順遂,直到又來到一個岔口。

"大家都休息一下吧!等等,先報個數,一、"

"……"

"一、"方臉大叔又喊了一聲。

"……"

"孩子的媽?巫咘艮?……巫咘艮?……"

此時的方臉大叔已經發現走在最後的悲傷阿姨不見了,但仍不死心,一喊再喊。

"方……葛叔叔,你放心,來時路上沒有水流也沒有陡坡,應該不會出意外才是。"馬力安慰他。

"問題是現在我媽不見了,"叮叮沒好氣地說,然後面向行空,"你離媽最近,沒發現有不對勁的地方嗎?"

行空把頭搖得像撥浪鼓。

"這樣吧！"方臉大叔果斷下決定，"你們全留在此處休息，我回頭去找，找到了再與你們會合。"

馬力問羅盤還能作用嗎？方臉大叔低頭一看，發出"啊"的一聲。不用說，它已經罷工了。

"這不是個好主意，即使找到悲……巫阿姨，再回來恐怕也難以會合，我認為還是一起行動比較好。"

馬力的分析不無道理，現在橫在面前的問題是一起往回走還是繼續前行？或者就待在原地等待悲傷阿姨？

此時有一群黑壓壓的東西從頭頂飛過，他們不得不彎下身子，待一切都平靜下來，咚咚問："怎麼老鼠也會飛？"

"妳看走眼了，"她的姐姐翻了一下白眼，"飛的不是老鼠，而是蝙蝠，把黑色的翅膀去除，樣子的確很像老鼠。"

"老鼠？"行空喃喃道，"老鼠是不會倒掛的，但蝙蝠會，難道指的是蝙蝠？"

行空說的是犛牛皮上用刀刻下的文字，其中有一句是"一隻倒掛的老鼠"。

"不管是不是,與其留在此處,倒不如繼續前行,因為有蝙蝠的地方可能會有水源,而水對我們來說很重要。"方臉大叔答。

"可是……"

"叮叮,我知道妳擔心妳媽,但兩害相權取其輕,我只能先確保你們都安全。"

叮叮雖然不滿意,但也知道目前沒有其他法子,只能跟著大夥兒一起行動。

第53章・紅眼蝙蝠

他們往蝙蝠飛出的那條路走去,果然沒多久就發現一條河流。

"難道又要涉水而過?"行空喝完水後問。

"看樣子是,還好水不深。"方臉大叔答。

然而他還是錯判了,水越走越深,他們不得不上岸。

"這水很不尋常,以這種流速,我們很快會被淹沒。"馬力憂心忡忡,"難怪蝙蝠全飛出去了,聽說大自然的動物能預知災難,並且早先一步避開。"

"誰說的?那裏還有一隻蝙蝠呢!"

如果不是叮叮的火眼金睛，大夥兒不會發現那個像乳房一樣的石鐘乳背後尚有一隻倒掛的蝙蝠。

"它為什麼不飛走？"行空自言自語，"蝙蝠是群居動物，通常會一起行動。"

馬力答大概它是不合群的那一隻，人不也是？總有唱反調的。

行空不苟同，強調求生是動物本能，再怎麼不合群也不會拿自己的生命開玩笑，除非想自殺。

"不，還有一種可能性，"方臉大叔開口了，"那就是它不是活物，而是像蝙蝠的一種……裝置。"

此話一出，大家驚呆了。

受好奇心驅使，馬力自告奮勇去一探虛實。

"記住了，若真辦不到，千萬別勉強。"方臉大叔對他耳提面命。

"知道了。"說完，馬力噗通一聲跳入水裏。

別看這是一條很普通的河流，好幾次馬力差點兒被湍急的河水給帶走，若不是水性佳，現在早見閻羅王了。

"馬力，加油！還差一個手臂的長度就夠著了。"叮叮喊著。

"没錯，再使點兒力就到了。"咚咚也跟著搖旗吶喊。

這是第一次雙胞胎姐妹齊心協力鼓舞他，馬力因此游得更加賣力。

當他終於抱住石鐘乳時，背後傳來歡呼聲。

馬力休息一會兒後，往石鐘乳後面望去，那個倒掛的蝙蝠依然紋風不動。

"馬力，情況怎樣？"方臉大叔問。

"不知道，這隻蝙蝠怪怪的，眼睛是紅色的。"

"不對，"這是行空的聲音，"蝙蝠的眼睛是黑色的。"

馬力再次確認，没錯，是紅的。他因此猜測這隻蝙蝠是假的，没想到下一秒"假蝙蝠"便展開皮翼飛走了。

"馬力，蝙蝠飛走了。"方臉大叔說。

"我知道，原來它真的是活體，我還以為是假的呢！"

話一答完，那隻蝙蝠又飛回來，而且火速撞向石鐘乳。馬力一時没反應過來，以致當它跌入河中時，沒來得及伸出援手。

"馬力，蝙蝠又飛回來了。"方臉大叔又說。

"我知道，可是……可是……它掉進河裏了。"

"什麼？你大聲點兒，我聽不見。"

"我說它掉……"

馬力話還沒說完，彷彿有人把河流上游的水給堵住了，離奇的是，不僅水退的速度驚人，烘乾的速度更是驚人。

"這是怎麼回事？"行空難以置信地望著乾涸的河床問。

沒人回答他，倒是叮叮和咚咚笑個不停，因為此時的馬力懸在半空中，樣子很滑稽。

"馬力，鬆手，我在下面抱住你。"方臉大叔仰頭對他說。

基於對方臉大叔的信任，他鬆手了。

等馬力一站妥,叮叮和咚咚的笑聲也停止了。

"這兩姐妹總算知道方寸。"馬力心想,然後往她倆注視的地方望去。

這一望,他嚇得目瞪口呆。

第54章・兩條吐信的蛇

大水退去,乾涸的河床有了裂痕,如果不仔細看,那無非是幾條極其普通的線條,問題是他們都瞧出了點兒什麼。

"那像不像兩條吐信的蛇?"馬力問。

其他四人點頭,並且發出"嗯"的一聲。

馬力想起聱牛皮上的字句:

黑色的眼睛指向光明,

一隻倒掛的老鼠、兩條吐信的蛇和三個拈花的女人。

"黑色的眼睛有了，倒掛的老鼠有了，現在又出現兩條吐信的蛇，看來謎底越來越接近了，實在是個好兆頭！"馬力興奮地說。

"我可不這麼認為，"行空的聲音顫抖著，"首先得想想怎麼打敗那兩條蛇。"

馬力問什麼意思？行空指向盡頭約一百米處，那裏有兩條巨形蟒蛇，由於身體呈淺色，馬力一時沒認出來。

"它……它們……它們為什麼吐舌頭？是熱了還是準備攻擊我們？"馬力問。

行空解釋蛇的視力不佳，主要依靠舌頭去感知四周，估計現在已經發現有五個活體正站在不遠處……

"眼看活體就要成為死體了，我們還杵在這裏幹嘛？"馬力嚇得兩腿發抖。

叮叮沒好氣地答："你以為我們喜歡杵在這裏？看看你背後有什麼？"

馬力一轉頭，這次直接癱倒在地。

"你還好嗎？"行空將他扶起，同時問上一句。

"不好，很不好，這些密密麻麻的蜘蛛是從哪裏冒出來的？它們是不是傳說中的黑寡婦？我看長得挺像的，若真的是，被它蜇上一口，立馬一命嗚呼……"

行空推一推他的黑框眼鏡，很正經地說："黑寡婦蜘蛛分為很多種，好比老撾地區的黑寡婦就沒多大毒性，真正劇毒的是寇蛛屬，遇上的機率約3%，也就是說你得運氣背到極點且有過敏體質才有可能被黑寡婦一口咬死。"

"就算全是毒性弱的老撾黑寡婦好了，這裏起碼有上千隻，一隻咬上一口還能活嗎？"

叮叮問他倆能不抬槓嗎？都什麼時候了，還有那個閒工夫！

馬力糾正這不是抬槓，而是爭論要怎麼死？是被黑寡婦咬死還是被蟒蛇吞進肚裏去？

"如果是我，我選擇蟒蛇，聽說蟒蛇無毒，這個生存的機率大點兒。"咚咚說。

別看雙胞胎姐妹中的妹妹像個小跟班似的，此時說出的話卻很有道理。

"咚咚說的不無道理，"方臉大叔深吸一口氣，"看來身先士卒的事還是由我來做。"

他一邁出步伐，幾個孩子立刻跟上。

第55章・擋路的蛇

這兩條蟒蛇如果拉直連成一線,大概有一個海釣魚竿那麼長。

"行空,它們為什麼在噴氣?"馬力問。

"為了嚇唬我們。"

叮叮接著問那兩條蛇為什麼時不時朝他們撲兩下?

"還是為了嚇唬我們。"行空推一推他的黑框眼鏡,"蟒蛇在蛇界算溫和的,只要不招惹它們,它們也不會來招惹我們。"

咚咚問現在該怎麼辦?這兩條蛇把路給堵上了,要如何在不招惹它們的情況下安全通過?

"這個嘛……"行空又推一推他的黑框眼鏡，"我也不知道。"

此時方臉大叔上場了，他說讓他試試吧！

結果方臉大叔向東，蟒蛇也向東；方臉大叔向西，蟒蛇也向西，就是不肯讓路。

馬力心生一計，蟒蛇是肉食性動物，雖然他包裹的肉乾不是活物，但終歸是肉，也許蟒蛇會為了食物而"網開一面"。

大家認為他說的有理，於是馬力把他的肉乾全拿出來，按照計劃，只要蛇衝向食物，他們便趁此空檔奔向盡頭，結果蛇根本無動於衷，白浪費了那半包肉乾。

"怎麼辦？"馬力失望透了。

"看來蛇只對活物感興趣，這樣吧！我去當誘餌，你們趁機逃跑。"方臉大叔說。

叮叮、咚咚和行空同時大喊："不要！"

馬力也覺得太冒險了，蟒蛇生吞活人的例子不是沒有，何況現在面對的是兩條像電線桿一樣粗的蛇。

他開始思考,突然靈光一閃,吐信的蛇不止眼前這兩條,尚包括河床龜裂後所形成的圖案,會不會……

方臉大叔聽聞,說:"那還等什麼?"

第56章・自殺蝙蝠

他們站在河床上望著龜裂的蛇形圖案發楞,背後黑寡婦蜘蛛的威脅依然存在,只能盡量不去想它。

"按理說應該有什麼變化才是。"馬力喃喃道。

"也許這根本就不是蛇,而是⋯⋯蚯蚓。"叮叮說。

"妳看過吐信的蚯蚓?"

"誰說那是舌頭?也有可能是樹枝。"

"樹枝?嘴裏叼著樹枝的蚯蚓?"

方臉大叔要他倆都別抬槓了,解決事情要緊。

咚咚緊接著問父親可有什麼想法？他回答沒有，也許河床龜裂成這個樣子不過是湊巧而已……

"不是湊巧，"行空指著前方，"看！蝙蝠又飛回來了。"

馬力認出這隻紅眼蝙蝠，可是它不是已經被河水沖走了嗎？怎麼又出現在這裏？

紅眼蝙蝠在他們的頭頂上盤旋一會兒後，加速衝向之前馬力懷抱的石鐘乳，發出"碰"的一聲。

行空第一個走過去查看。

馬力不禁想著："這石鐘乳的硬度也太大了，還有，這隻蝙蝠要嘛眼瞎，要嘛有自殺癖，已經二度自殺了。"

"快看，這是個遙控蝙蝠。"

聽行空這麼一喊，眾人湧上前去。

叮叮說："還真的是，肚子裏的機器都摔壞了，這修起來可麻煩了。"

咚咚接著問："是誰遙控這隻蝙蝠？為什麼遙控？"

"也許……"馬力抬頭看著石鐘乳,"有人為了啟動什麼。"

此時,他們同時聽到淅瀝瀝的水聲。

"下雨了嗎?"叮叮問,因為腳底的河床開始進水了。

"怎麼可能?我們在洞穴裏呢!"咚咚答。

馬力心想如果不是下雨,那麼答案只有一個。

"快跑!"他喊著。

第57章・亂成一鍋粥

大水來得比他們預料得快,不一會兒便深及大腿。

"孩子們,別跑了,快退回到原來的地方。"方臉大叔喊。

馬力心想他肯定糊塗了,再不跑就要滅頂,所以仍向前跑去,冷不防被一隻大手給抓住。

"告訴你別跑了,怎麼還跑?看!原來的地是乾的。"方臉大叔說。

馬力往後一瞧,怪怪,那塊龜裂的河床怎麼又變乾了?

他們開始往後退，可是怎麼也進不去原先站著的河床，此時水深已經及腰，這可怎麼辦？

行空敲一敲擋在前面的障礙物，答："這是透明壓克力板，聽聲音至少有九層。"

沒人關心他是怎麼知道的，因為水又上升了，行空最矮，現在只剩一個腦袋瓜浮在水面。

"看來只能死馬當活馬醫了，"方臉大叔把行空架在他的脖子上，"快！你們一個個爬上來，像疊羅漢一樣。"

話一說完，叮叮先上，接著是咚咚，馬力最後上。

"怎麼樣？夠得著嗎？"方臉大叔仰頭喊，水已經滿到他的下巴。

"還沒，"馬力又踮了踮腳，"好……好像摸到了。"

他接著使勁吃奶的力氣，終於跨過壓克力板的最上層。當他想回頭抓咚咚的手時，一個大浪打過來，把他們全掃了進去。

"我……我的腿好像斷了。"行空說。

方臉大叔忙爬過去查看,還好外表沒有局部腫脹現象,他問行空:"疼嗎?"

"不疼。"

"我扶你起身,如果疼就說。"

行空站起,代表他的腿沒斷。

"太好了!"方臉大叔說。

"一點兒也不好,這是什麼鬼?"叮叮喃喃道。

馬力完全理解她說的,他們現在彷彿置身於漩渦中心,四周是不斷圍著打轉的水流,看得眼花繚亂。

"碰!"

突來的撞擊聲嚇壞了他們,接著傳來叮叮的尖叫聲。

"妳也幫幫忙,都亂成一鍋粥,妳還尖叫,我會被妳嚇死!"馬力責怪。

"我……我看到水裏有一條腿,人腿。"她答。

馬力說不可能,咚咚站到她姐姐那一邊,表示她也看到了。

此時又是"碰"的一聲，這次馬力看到的不是人腿，而是一閃而過的人臉。

"我……我好像看到小男孩的父親，怎麼辦？他落水了。"

他們還沒決定要不要去救？怎麼救？所站之處突然動了起來。一開始是小地震，緊接著天旋地轉，像跌進波輪洗衣機內。

混亂中，行空抓住馬力的手，問："這是怎麼回事？"

"我也不知道……救命啊！"他喊。

第58章・尋寶者

馬力第一個醒過來,觸目所及,屍體遍佈。他爬向最靠近他的行空,邊拍打他臉頰邊喊:"行空,醒醒啊!"

行空睜開眼睛後,第一句話問的是他的眼鏡在哪裏?

馬力趕緊找來交給他,還好沒壓壞。

行空戴上眼鏡後,表示自己無大礙,他們兩人又分別喚醒其他三人。

"那些人是從哪兒來的?"清醒過來的叮叮問。

離他們不遠處躺著六個人,由於臉部朝下,不知是死是活。

"那……那……"行空指著其中一具,"那是媽媽。"

此話一出,他們全嚇壞了。

第一個衝上前去的是方臉大叔,他把"屍體"翻過來,又是心臟按摩又是口對口人工呼吸,終於將人搶救過來。

"太好了!"方臉大叔抱著悲傷阿姨淚流滿面。

幾個孩子圍了過去,場面相當感人,直到……

"手全舉起來!"頭戴雷鋒帽的男人說,他的手裏有把槍。

馬力和葛家人不得不舉起手,包括剛從鬼門關走回來的悲傷阿姨。

"你……們是誰?"方臉大叔問,因為那男人的身後又陸續出現三個,全都不懷好意地看著他們。

"我們是想錢想瘋的人,聽說這裏有寶藏,就過來了。"

"為什麼抓我太太?"

"你誤會了,我們是救了這位女士,她差點兒被河水沖走。"

馬力想起悲傷阿姨消失後遇上的湍急河流，莫非她不巧趕上了？

"#d@h%……"小男孩的父親坐在地上，他話還沒說完就被少了一隻眼睛的人揍了幾拳，立馬閉嘴。

"既然是恩人，有話好說，別晃傢伙。"方臉大叔說。

馬力看到悲傷阿姨拉了一下自己老公的衣袖，頓時明白了。

"對，別晃傢伙，"行空推一推他的黑框眼鏡，"晃了也沒用，反而容易傷了自己。"

四個男人你看我，我看你，哈哈大笑。

"我說的是真的，你們的槍枝浸過水，使用的還是導氣式槍械，槍管裏的水很不容易排出去，相當於槍管被堵，一旦扣動扳機，很容易炸膛。"行空進一步解釋。

此時四個男人的笑容不見了，馬力乘勝追擊："幾位大叔，既然是尋寶，多幾個人幫你們運送寶物不好嗎？"

"怕就怕你們會搶分一杯羹。"脖子上有刺青的男人說。

方臉大叔開口了:"這個請放心,我們不過是做一次家庭探險活動,真要尋寶就不帶孩子了,多累贅!"

"可是你太太說你們在找重要的東西……"說話的是左耳戴著耳釘的男子。

悲傷太太立刻答:"你們沒讓我把話說完,結果斷章取義了。聽著,我們夫妻倆都是學考古的,趁著孩子們放假來一次家庭活動,聽說這個洞穴裏有很多溶岩地貌,這是很好的教育素材,也就是我所說的重要東西。"

四個男人開始交頭接耳,最後達成了共識。

"得,"戴雷鋒帽的男人把槍收起來,"既然是考古專家,那太有用了,也許真能幫我們找到寶物。"

第59章·GUAZHENQIE

一行人走了不知有多久,終於來到一個不同於溶岩地貌的地方,不管洞壁還是洞頂都極為光滑,顯然為人工磨成。

戴雷鋒帽的男人拍拍那些打磨過的痕跡,說:"這裏肯定有貓膩。"

行空往前走了幾步,一道綠光突然一閃而過。

"那是什麼?"左耳有耳釘的男子跟著走上前去,然後用手電筒往方才的綠光處照了照,"哇噻!這是個什麼玩意兒?"

手電筒照射的地方出現了綠光,可是當光源移開後,看到的卻是平凡無奇的牆。

行空往前一步，他的頭燈又照亮整片牆，這次依稀能分辨出綠體呈長方形，長約兩米，寬約一米半。

"如果我猜的没錯，這牆的背後是一大塊翡翠。"行空說。

聽到"翡翠"二字，那四個男人不淡定了，堅持鑿開，但從哪裏鑿起？

他們敲了又敲牆面，最後決定從"翡翠"的右方不到一米處破開。

"喂！動手呀！"戴雷鋒帽的男人對葛家人及馬力說。

"怎麼動手？又没工具。"叮叮反問。

少了一隻眼睛的男人答："你們腳邊的石塊就是工具，拿起來用力砸會不會？"

"你們難道不動手？"馬力接著問。

"我們是主子，你們是奴隸，你斗膽要主子動手？"話一說完，他踢了小男孩父親一腳，顯然把他也當成奴隸。

結果四個身強力壯的男人坐看七個奴隸砸牆，就在此起彼落的敲擊聲中，終於砸開一個不規則的口。

"讓開！"戴雷鋒帽的男人用力推開方臉大叔，然後用手電筒對裏面照了又照，最後又拉回方臉大叔，"你進去看看裏面有什麼？"

方臉大叔幾乎是在毫無防備的情況下被推了進去。

"怎麼樣？你倒是說話呀！"脖子上有刺青的男人問。

"這裏……這裏到處是寶藏！"

聽說裏面有寶藏，那四個男人爭先恐後爬了進去，如果不是方臉大叔還在裏面，這是逃跑的絕佳機會。

"我進去，你們趕緊往回跑。"悲傷阿姨說。

"不，"叮叮抱住母親，"死也要死在一塊兒。"

咚咚和行空附合。

"我當然也參一腳。"馬力立馬表明心跡，"倒是小男孩的父親不應該參與進來。"

悲傷阿姨對小男孩父親說了幾句藏語，大概的意思是他可以回家去了。

小男孩的父親喜極而泣，說完" Gua-zhenqie"後，轉身走人。

第60章・拈花的女人

他們進到裏面後，眼前有兩撥人，一撥站在綠色玉石前指指點點；另一撥只有一人，那就是方臉大叔，他對著牆壁嘖嘖稱奇。

"你！"少了一隻眼睛的男人把行空抓過去，"看！這根本不是翡翠，而是琉璃。媽的，你眼瞎不成？"

"算了，跟個孩子較什麼真？何況他還重度近視。"左耳戴著耳釘的男子充當和事佬。

平靜不過幾秒鐘，馬上又起波瀾。

"那個扎西呢？跑了嗎？"脖子有刺青的男人問。

扎西是藏族人最常用的男子名，馬力不知道小男孩的父親真叫扎西，還是"壞蛋四人組"為他取的代號。

"跑了就跑了，這一路險像環生，他若真能跑出去，算他命大！"頭戴雷鋒帽的男子說完轉頭，"喂！你們夫妻倆到底在看什麼？"

方臉大叔和悲傷阿姨看的是一幅大型壁畫，兩個身材纖細、衣帶飄飄的女人正拈花笑看，腳底是瑞雲，頭頂則是日月星辰。

"這幅畫好美，如果能修復成功，大概能看出第三尊。"方臉大叔無限感慨地說。

馬力認為他的想像力未免太過。

"方……葛叔叔，這牆上分明只繪了兩個女人。"馬力說。

叮叮第一個跳出來反駁："誰說的？那這花如何解釋？"

壁畫上有三朵百合，兩個女人各執一朵，第三朵卻懸在半空中。這麼看，方臉大叔的判斷也沒錯，或許很久以前牆上的確有第三個女人，只是年代久遠，漸漸褪去原有的線條和色彩。

"咦！這裏還有塊石碑，"行空蹲下身查看，"上面寫著……寫著……"

"到底寫什麼？"少了一隻眼睛的男人把行空像小雞一樣拎起，"再不說，我讓你粉身碎骨！"

悲傷阿姨立馬答："上面寫著此壁畫耗盡三年的時間完成。"

"就這麼一幅破畫也要畫三年？古人真是吃飽了撐著！"

"呵呵！也是，哪像四位都有豪情壯志。"方臉大叔一說完，鼻樑被戴雷鋒帽的男人擊中，立刻哀嚎。

悲傷阿姨想上前關心老公的傷勢，被獨眼龍一把抓住，問："去哪兒？我們肚子餓了，還不快準備準備？"

馬力也餓了，但除了包裹的壓縮餅乾及少許肉乾外，此時還能變出什麼花樣？

那四人也夠狠的，把僅剩的食物一掃而空不說，連屑屑也舔得乾乾淨淨，完全不留給"奴隸"。

"我餓了。"叮叮說。

"想找死？"獨眼龍怒目相視。

悲傷阿姨忙將叮叮拉開,算是平息一場可能會有的衝突。

第61章・大地之母獻花

"壞蛋四人組"吃飽後倒頭就睡,為了防止"奴隸"逃跑,不忘抓行空當人質。可憐的行空被八隻腳壓在底下,動彈不得。

"悲……巫阿姨,"馬力壓低聲音,"石碑上寫的完全不是那麼回事。"

"我知道,但總不能說實話吧?!"她回覆,同樣輕聲細語。

石碑上的字以烏金體的藏文刻成,原文是:大地之母獻花,仙樂飄飄,發怒的武士在路上,請抓住展翅的鳳鳥。

"悲……巫阿姨,"馬力繼續壓低聲音,"犛牛皮上刻的是三個掐花的女人。"

"所以呢？"

"壁畫上的女人體型與妳差不多。"

"你的意思是……"

"我認為妳是第三個女人。"

此話一出，不僅悲傷阿姨被驚嚇到，連方臉大叔、叮叮和咚咚也睜大眼睛。更不可思議的事還在後頭，剛剛還鼾聲不斷的四個男人此時全一躍而起，還因用力過猛，踩了行空好幾腳，害他摀著肚子喊疼。

"老大，他們果然有事瞞我們。"脖子上有刺青的男子說。

"起來！"戴雷鋒帽的男人粗魯地拉起悲傷阿姨，"就是妳，馬上給我開門！"

"開……開門？開哪個門？"她問。

"我哪知道哪個門？但肯定有門，否則我們就卡死在這裏了。"

馬力感到愧疚，他不過是隨口一說，哪曉得那四人假寐，實際上全豎起耳朵偷聽。

"我……我只是隨便說說而已，你們就當我胡謅好了。"馬力試著亡羊補牢。

"小子,"少了一隻眼睛的男人拍拍他的肩膀,"你最好不是胡謅的,否則待會兒有你苦頭吃。"

無奈之下,悲傷阿姨只能趕鴨子上架,她撫著壁畫不知所措。

馬力想起石碑上的字句,第一句是"大地之母獻花",莫非要悲傷阿姨獻花?

"悲......巫阿姨,妳何不模仿壁畫上的兩位?"馬力提醒。

"你是說......模仿?"

"没錯,試試看嘛!"

於是悲傷阿姨背靠著牆,試著模仿那兩個身材纖細的女人站姿。

"媽,妳没拈花。"叮叮提示。

誰知悲傷阿姨一碰觸到那朵懸空的百合,美妙而莊嚴的樂聲便響起,像是由多種西藏傳統樂器合奏而成。

"這聲音打哪兒來的?"

咚咚問完,整個壁畫驟然坍塌,露出一個大洞,把他們全嚇得目瞪口呆。

第62章·武士雕像

眼前是個小型樂隊,正演奏藏族樂曲,如果不是搖著曼陀鈴的人偶動作不協調,馬力真要以為這是一支由真人組成的民間樂隊。

"媽的,在黑漆嘛烏的洞穴裏看到這個,我真要尿褲子了。"左耳戴著耳釘的男子說。

其實不止他,馬力也感覺頭皮發麻。

"他們在歡迎我們嗎?"少了一根筋的叮叮問。

戴雷鋒帽的男人答:"不管歡不歡迎,我們都要走一遭。快!奴隸們走起。"

方臉大叔身先士卒，接著是叮叮、咚咚、馬力、行空、悲傷阿姨，最後才是"壞蛋四人組"。

"怎麼音樂突然變了？聽起來像在奏哀樂。"

悲傷阿姨說的沒錯，方才還挺空靈的曲子，現在曲風丕變，讓人聽了很不舒服。

少了一隻眼睛的男人果斷拾起一塊石頭，二話不說便把拉牛角胡的人偶給擊斃了。

他的舉動感染了其他三人，只見一時"石彈"亂飛，不一會兒的工夫，所有的人偶都陣亡了。

"總算安靜了。"脖子上有刺青的男人說。

樂曲停歇後，咚咚首先發現異樣，她指著地上的某樣東西，問："誰的腳能穿上這麼大的靴子？"

這靴子就藏在樂隊後面，長度有一艘橡皮艇那麼長，能穿上的，起碼身高不低於十層樓的高度。

"那是什麼？"行空仰頭問，這次他不用推他的黑框眼鏡。

大夥兒順著他的目光往上看，這一看，個個嚇得倒退好幾步。

都說為母則剛，悲傷阿姨立刻衝上前去，把站在最前線的咚咚和看傻了的行空往後拉。

等了一會兒後，見無事發生，眾人才鬆了一口氣。

"原來只是個雕像而已，害我差點兒尿褲子。"左耳戴著耳釘的男子又說。

行空很認真地建議他去看醫生，還說尿失禁通常與膀胱括約肌功能的減退有關……

"去你的！"少了一隻眼睛的男人擊打行空的後腦勺，"玩笑話聽不出來？讀書讀傻了吧你！"

看到有人欺負行空，叮叮的護弟之心油然而生，她甩給那個男人一個大耳刮子，沒等兩人正式開打，四人組中的老大大喝一聲："全住手！"

"可是……"

"可是什麼?好男不跟女鬥,何況現在有更重要的事要辦。"

"什麼重要的事?"

戴雷鋒帽的人大手一指,說:"看那些甲片是什麼做的?"

原來這個豹頭環眼,鐵面虯鬚,看上去有些怪異的武士雕像可不一般,雖然身上的皮甲很普通,但上面綴的可全是金燦燦的黃金甲片,少說也有數十片。

"老天!這得值多少錢?"脖子上有刺青的男人興奮地問。

馬力立刻把望遠鏡從包裹拿出來,想看個仔細,結果被戴雷鋒帽的人給搶了去。

"當然價格不菲囉!"他邊用手電筒照雕像邊使用望遠鏡,"哇噻!這盔帽竟然是各色寶石綴成的,護心鏡還是羊脂白玉,他奶奶的,我們就要富可敵國了。"

語罷,他們四人舉手歡呼,彷彿一夜暴富,馬力趁機把扔在地上的望遠鏡給搶了回來。

"各位，"方臉大叔等他們稍為安靜下來才繼續，"既然你們已經找到夢寐以求的財富，我們就此告別了。"

"上哪兒去？"戴雷鋒帽的男人擋在前面，"你們得爬上去幫我們取寶貝才行。"

"這麼高，怎麼爬上去？"方臉大叔問。

"那是你的問題，"他使了個眼色，悲傷阿姨立馬被其他三人控制住，"你如果慢慢來，她的小命可就不保了。"

方臉大叔別無他法，只能走向雕像。

第63章・發怒的武士

"爸爸,我幫你吧!"叮叮說。

"我也是。"、"我也是。"咚咚和馬力分別說。

"好孩子,讓我先想想該怎麼分工。"

方臉大叔想了半天也想不出個所以然。

"喂!你再不行動,我可要尿褲子了。"左耳戴耳釘的男子說。

馬力想著莫非他的膀胱真的有問題?否則怎麼老尿褲子?

"我想到了,"行空像中了頭彩,"只要再來一場大水,當水位達到一定的高度,我們輕易就能夠著。"

"哪來的大水？水可不是揮之即來。"馬力反駁。

"其實不用那麼麻煩，"叮叮看咚咚一眼，"以我倆的靈活度，爬上去取下金甲片完全不成問題，有問題的是盔帽及護心鏡，它們太大也太重了。"

方臉大叔長嘆一口氣，說："走一步算一步，能取多少算多少吧！"

於是叮叮和咚咚像兩隻小猴子似地爬上雕像的中段位置，不一會兒工夫，天空便下起黃金雨，把那四個壞蛋給樂壞了。

"喂！怎麼停下來？"戴雷鋒帽的男人仰頭喊，"快把那塊羊脂白玉也給我取下。"

"不行哪！玉不像黃金，稍不慎就會碎，何況它還這麼大。"叮叮答。

"我操！妳再不取，我讓妳媽少根手指頭！"獨眼龍說完，拔出一把鋒利的小刀在悲傷阿姨面前晃呀晃。

叮叮趕緊答："我取就是，你別碰我媽。"

儘管她倆小心翼翼，最後還是讓玉直線下落，發出"哐啷"一聲。

"幹！這玉碎成這樣，妳倆賠得起嗎？"四人中的老大氣急敗壞。

"話不能這麼說，她們已經表示有難度，是你們讓取，願賭服輸。"

馬力一說完，被脖子有刺青的人爆頭，頓時頭昏眼花。

"有話好好說，別動粗。"方臉大叔試圖平息怒火。

眼看那個盛怒的男人轉向自己的父親，叮叮大喊："敢碰我爸試試，這盔帽我就不取了，它可比羊脂白玉貴多了。"

想到那頂綴滿各色寶石的帽子，再狠毒的人也不得不服軟。

"我們不打妳爸，快把頭盔取下來。"戴雷鋒帽的男人說。

見得到承諾，叮叮和咚咚一鼓作氣爬上雕像的左肩，這才發現武士的右肩停著一隻大鳥，身長約一米，脖子像天鵝頸，喙如雞，尾巴甚至比身長還長，最不可思議的是，它竟然是活的，不時發出"足足足"的聲音。

如果不是有任務在身，這兩姐妹好想逗逗那隻鳥。

"咚咚，我爬上去，妳接好。"

"然後呢？"

叮叮沒想過接下來該怎麼辦的問題，那頂盔帽明顯比護心鏡大且重，玉都摔了，這個能不摔嗎？

"走一步算一步囉！能完好無損最好，不能也沒辦法了。"叮叮答。

當盔帽直線下落，並且發出"哐啷"一聲時，那個少了一隻眼睛的男人怒不可遏，揚言要女孩好看。

"算了，她們也盡力了。"左耳戴耳釘的男子蹲下身查看，"還好上面完好的寶石還不少，我們可以用小刀刮下。"

這麼一說，那四人的注意力全在如何刮下寶石上，如果不是咚咚嘴欠，取寶一事應該到此為止。

"什麼夜明珠？"戴雷鋒帽的男人立起身問。

"沒有沒有，怎麼可能有夜明珠？呵呵！"說完，叮叮捶打一下咚咚，後者哀叫一聲。

"望遠鏡呢？"老大四下尋找，馬力只好雙手奉上。

有了望遠鏡和手電筒的幫忙，武士眼眶裏的兩粒夜明珠立刻無所遁形。

"我就說怎麼會有兩道光芒？快！給我取下，一人拿一顆，正好。"

叮叮答："不好吧？！把瞳孔摘了，武士豈不眼瞎？"

馬力以為至少四人中的獨眼龍會感同深受，沒想到第一個暴跳如雷的人就是他。

"叫妳取就取，哪那麼多廢話？"他喊。

形勢比人強，雙胞胎姐妹只能聽命行事。

當叮叮從雕像的頭頂跳到右耳時，她不忘跟底下的鳥打聲招呼："打擾了，我們取完夜明珠就走。"

那隻鳥用尖尖的鳥嘴啄了一下叮叮的腳，似乎在阻止她做接下來的動作。

"我也不想呀！但人在屋簷下，不得不低頭。"叮叮答。

咚咚笑她的姐姐竟然跟鳥說起話來。

"有完沒完？"少了一隻眼睛的男人又發話，"限一分鐘之內取下，否則妳倆就沒媽了。"

為了保護母親，叮叮和咚咚只能伸手去取，哪曉得兩顆夜明珠一離開位置，整個雕像立刻動了起來，發出"轟轟轟"的聲音。

"怎麼回事？"行空抱住父親問。

"怕是武士發怒了。"方臉大叔答。

第64章・展翅的鳳鳥

那名武士踩著沉重的步伐向前,叮叮和咚咚不得不抱緊雕像,底下的人紛紛抱頭鼠竄。

悲傷阿姨趁機逃離魔掌,投向自己老公的懷抱。方臉大叔在確定她無恙後,轉頭要行空及馬力趕緊撤。

"叮叮和咚咚怎麼辦?"

行空這一問,他們全裹足不前了。

"爸,救我。"叮叮喊。

"我也是,別忘了我。"咚咚跟著喊。

悲傷阿姨要她們通通抱緊點兒,別鬆手。

饒是怕什麼來什麼，那兩姐妹竟然先後跌落下來。

"啊～"悲傷阿姨嚇得尖叫。

就在千鈞一髮之際，那隻原本站在雕像右肩上的大鳥展翅飛來，及時在兩姐妹落地前托住她倆。

馬力想起石碑上刻的藏文內容，顯然前三項都已實現，這麼說他們只要抓住這隻鳥就行。

"快！抓住那隻鳥。"馬力催促。

當那隻鳥再度接近地面時，方臉大叔抓住右爪，悲傷阿姨抓住左爪，行空和馬力則抓住它的長尾巴（同時抓住的尚包括左耳戴耳釘的男子，可惜他在離地面不到兩米的位置上被自己的同夥給拉下）。

"幹！"戴雷鋒帽的老大爆打他的頭，"東西還沒拿。"

就在一堆黃金、寶石及摔碎的白玉中，馬力忽然發現他的望遠鏡。

"我的望遠鏡！"馬力喊。

"別管望遠鏡了。"方臉大叔答。

然而當鳥第三度接近地面時，馬力卻看準時間，跳下，拾起，再奮力往回跳。

"你瘋了不成？"行空說，他的黑框眼鏡已經滑至鼻尖，但空不出手來往上推。

"我沒瘋，是這隻鳥瘋了，已經三度接近地面。"馬力答。

當鳥不再留戀，毅然而然飛離這一片狼藉時，背後傳來此起彼落的慘叫聲，像是被開腸剖肚，又像身首異處，很難想像如果晚了幾秒鐘，馬力一行人會是怎樣的處境。

直到落地，他們才相信自己已經遠離災難。

"謝謝你！"他們集體向鳥鞠躬致謝。

那鳥兒拍拍翅膀飛走了。

望著漸飛漸遠的身影，行空忽然大叫一聲："我想到了！"

"你想到什麼？"叮叮問。

"鳥兒三度撲向地面是為了救人，可惜那四人錯過機會了。"

"他們四人是不是⋯⋯是不是已經⋯⋯已經⋯⋯"

方臉大叔截斷咚咚的問話,說:"好餓呀!肚子餓的人舉手。"

四隻小手齊刷刷舉起。

"讓我看看有什麼吃的。"悲傷阿姨答。

第65章・昆蟲盛宴

悲傷阿姨說讓她看看有什麼吃的，其實不用看也知道沒有。

"如果那四人能嘴下留情，興許現在我們還有餅乾屑可吃。"行空唉聲嘆氣地說。

方臉大叔要大家都別洩氣，天無絕人之路，一定會有奇蹟發生。

可惜走了一段長路也不見奇蹟，若要說有什麼好事，大概是他們終於發現了一條暗河。

"老天！再不喝水，我就要渴死了！"咚咚說完，掬起水喝。

眾人也不客氣，紛紛牛飲，直到肚子都裝滿水為止。

"怎麼喝了那麼多的水，我的肚子還是餓呢？"行空躺在地上，腆著肚子說。

其實不止行空，他們每個人都飢腸轆轆。

"我餓到連昆蟲都吃得下。"馬力說。

"昆蟲？"悲傷阿姨的眼睛亮了起來，"昆蟲飽含豐富蛋白質，是不錯的營養食品。"

馬力也聽說某些國家有吃油炸昆蟲的習慣，但壓根兒沒想過親自嘗試。

"我不過是說說而已，相較於昆蟲，我更想吃蛇肉或蜥蜴。"他答。

"那正好，"方臉大叔開口了，"現在大家分頭去找，但凡能吃的，通通來者不拒。"

結果找來找去，只找到蟑螂、子彈蟻、虎甲蟲及蟻獅，數量還不少。

"看來我們將有一場昆蟲盛宴。"悲傷阿姨說。

第66章·大蜥蜴

悲傷阿姨先將沙子炒熱,再丟進昆蟲,炒熟後的昆蟲有誘人的香味,吃起來香酥可口。

"好吃嗎?孩子們。"悲傷阿姨問。

大家頻頻點頭,包括馬力。

"要不要我給你講講為什麼用熱沙炒昆蟲?"行空問馬力。

"這還需要解釋嗎?當然缺油啦!如果有食用油,油炸豈不更好?"

"你說的也沒錯,但油炸食品畢竟沒那麼健康。"

閒來無事，聽聽行空科普也好，於是馬力說：「你倒是給我講講為什麼用熱沙炒昆蟲。」

行空推一推他的黑框眼鏡，像個老學究似地答：「這是一個熱傳遞的過程，昆蟲與受熱的沙子接觸後，逐漸接受熱量，達到煮熟加熱的目的。其缺點是耗時，優點則是不易炒焦和夾生，而且在翻炒的過程中，昆蟲身上的雜質容易脫落，對於食用的人而言，算是比較乾淨衛生的一種方式。」

原理是原理，但昆蟲身上的觸角、眼睛、腿毛、翅膀……全進了肚子，再怎麼乾淨衛生也細思恐極。

「既然大家都吃飽了，咱們上路吧！」方臉大叔喊。

此時馬力聽到身後有細微的聲音發出，下意識往後看，這一看不得了，嚇得他話都說不利索。

「馬力，你怎麼了？」行空問。

「我……我好像看到蜥蜴了。」

叮叮和咚咚笑個不停。

再次被取笑，馬力頗感無奈。

"不管有沒有蜥蜴，我們都得走了。"方臉大叔說。

"對，沒時間烹煮了。"悲傷阿姨補上一句。

馬力心想葛家人全誤會他了，但他沒反駁，畢竟……畢竟那麼大的蜥蜴說出來很難讓人相信。

"走吧！"說完，馬力第一個邁開步伐。

第67章・地心人

他們走了一段長路,直到筋疲力盡才倒頭入睡。迷迷糊糊中,馬力感覺四周圍好像有窸窸窣窣的聲音,但他連睜眼的力氣也沒有,只能任由自己往夢鄉走去。

再醒來時,已經時過境遷。

"這是哪裏?"馬力問。

行空推一推他的黑框眼鏡,答:"不知道,大概我們還在夢裏吧!"

馬力也有同感,眼前盡是走來走去的大蜥蜴,像他之前看到的一樣。

"告訴我,你們也看到蜥蜴了。"叮叮說。

說是蜥蜴，其實不盡然，也許使用"變種蜥蜴人"會更貼切些。瞧！他們個個身高近兩米，全身長滿了綠色斑點，有三個足趾，手指也是三個，尾巴很長，末端像針筒。還有，他們全直立行走，而非爬行。

"我看到的是人類穿上了蜥蜴的道具服裝。"咚咚回答她姐姐的問話。

這無異醍醐灌頂。

"哈！原來如此，我還以為看到怪物了呢！"馬力鬆了口氣說。

"可是……"行空又推一推他的黑框眼鏡，"人類的舌頭也分岔嗎？"

這麼一問把其他三個孩子給問傻了。

馬力很想聽聽大人們的看法，可是那對夫妻不在身旁。

"你們的爸媽在幹嘛？"馬力問。

方臉大叔和悲傷阿姨正站在不遠處盯著幾個"變種蜥蜴人"瞧，眼睛眨也不眨一下。

"他們在交流。"叮叮答。

"交流什麼？"馬力又問。

"就是對話的意思，等等，這種無言的交流方式通常應用在與其他外星生物的溝通上，難道我們看到的奇怪物種來自其他星球？"

"外星生物？不對呀！這裏是地球⋯⋯"馬力想了想，要叮叮打他一下。

叮叮什麼也沒問，直接給他重重的一拳。

"妳⋯⋯妳也太狠了，"馬力摀著肚子，"不過這下子我終於明白自己不在夢裏。"

此時出乎意料的事發生了，行空竟然猛搧自己好幾個巴掌，接著嘴角上揚。

馬力很想說什麼，但又不知從何說起，只能把話嚥下。

"告訴你，上回我父母使用交流器還是十年前，當時有個外星人迫降在￥#%@星上⋯⋯"那個做了莫名其妙舉動的行空彷彿無事發生，仍一板一眼地述說。

馬力反駁："十年前你才兩歲，怎麼可能記得那麼清楚？還有，我沒看到你的父母使用任何機器，這不挺奇怪的？"

行空三度推一推他的黑框眼鏡，答："交流器就裝在他們的腦子裏，我和姐姐還太小，不能安裝。對了，我出生沒多久就有記憶，難道你不是？"

馬力頓時無語。

由於葛家姐弟沒安裝交流器，一時半會兒無法得知來者是否善類，不過四周圍走動的"變種蜥蜴人"給了他們飲用水和幾粒像膠囊的東西，這是個好信號。

"別亂吃藥。"叮叮壓低聲音說。

馬力心想根本不用她提醒，誰會無緣無故想吃藥？

又過了一會兒，大人們的會議才結束。

"看來他們給你們準備吃的了。"方臉大叔邊說邊向孩子們走來。

"吃的？"叮叮揚起聲，"哪有？"

悲傷阿姨回答那幾粒膠囊便是食物，吃了會有飽足感。

馬力曾想過未來世界的食物也許會用幾粒膠囊打發，沒料到真的發生時，他反倒覺得失落，因為吃東西不僅僅只是填飽肚子而已，它還是一個享受的過程。

"媽，你們剛剛都談了些什麼？"行空問。

"談了很多,最重要的一點是地心人願意協助我們尋找地球軸心。"

"地心人?"四個孩子齊喊。

"沒錯,他們是這麼介紹自己的。"方臉大叔答。

第68章・尋找地球軸心

"行空,你倒是給我講講地心人,他們該不會像你們一樣也是從其他星球偷渡而來的吧?!"馬力問。

方臉大叔搶在自己的兒子前面回答:"我們的祖先原來也是地球人,只是後來移居到馬爾星上,用'偷渡'兩個字很不合適,頂多只能算回歸。還有,我們並不打算久居於此,一找到宜居的星球就會離開。"

馬力立馬道歉。

"沒事,"方臉大叔露出理解的笑容,"接下來由我給你們講講地心人。我也是剛剛才知道個大概,這個第一手資料應該是最準確的。"

雖然方臉大叔花了很長的時間做解釋，但馬力仍舊似懂非懂，因為跟書上說的大不相同。

"你的意思是地球像個上下有缺口的鬼工球，裏面一層接著一層，彼此有空隙？"

"沒錯，地心人生活在地下約二十公里處，拿雞蛋當比喻，便是處在蛋殼和蛋白之間，如果再往下，溫度會驟升至千度，生命很難存活。"

叮叮問既然在那裏活得好好的，為什麼上到這裏來？

"還不是因為我們通過了他們的重重考驗。"悲傷阿姨接棒，"長久以來，他們等待既聰明又有勇氣的人類到來，好幫他們傳遞信息，西藏只是其中一處，這可以解釋為什麼沿途留下的提示皆以藏文或梵文書寫。"

行空推一推他的黑框眼鏡，問："他們要我們傳遞什麼信息？"

原來地心人希望人類停止地下核試驗，因為輻射已經影響到他們的正常生活，生出畸形寶寶的比例也增加了，這不是個好現象。

"他們的要求並不過份。"馬力說。

"如果地球還是原來的地球，這個要求一點兒也不過份。"

馬力問方臉大叔所言為何？

他答馬爾星爆炸後，其內部的核反應會衝擊到距離只有1光年的地球。算一算，時間也快到了，如果在那之前阻止不了，不要說地下了，整個地球都會有核污染問題，這也是地心人答應幫忙尋找地球軸心的原因，畢竟兩者息息相關。

這下子馬力總算聽明白了。

行空又推一推他的黑框眼鏡，問："地心人對地球軸心的所處位置有概念嗎？否則從何找起？"

"我猜大概也許有，但他們不敢靠近，只答應帶我們過去。"

這個聽起來很詭異。

"不管怎樣，先醫肚子要緊，"悲傷阿姨拿起岩石上的一粒膠囊，"吃飽喝足了才好上路。"

雖然孩子們都不樂意吃膠囊，但眼下也沒別的選擇，只能囫圇吞下。

"很好,既然大家都吃飽了,我這就通知地心人可以上路了。"方臉大叔說。

第69章・冰洞

他們沿著由巨礫和沙質粘土混合而成的陡坡前進，跌跌撞撞了好長一段時間才來到一個全是冰的洞口。

領路的地心人此時轉身和方臉大叔"交流"起來，沒多久，悲傷阿姨也加入。

馬力對其他三個孩子說："看來地心人雖然也居住在地球上，但屬於外星生物，不然你們的爸媽也不會使用交流器和他們溝通。"

"對地心人而言，人類才是外太空來的生物。"叮叮冷哼一聲。

"此話怎講？"

"人類是¥#€\$星人為了採礦所遺留下來的基因工程產物，你不會不知道吧？！"她反問。

馬力笑不可遏，直說不可能。

沒想到行空支持他姐姐的言論，很正經地表示宇宙的高級生命體少說可以活幾千年，唯獨人類的壽命相對短暫，這就是基因改造所產生的後遺症，因為吸的是氧氣，身體被氧化了，壽命自然就短。

"難道外星人都不呼吸？"馬力問。

"不是這樣的，"行空推一推他的黑框眼鏡，"每個外星生命體不一樣，但大部分都是呼吸的，只是吸的是二氧化碳。"

"你們呢？"馬力太好奇了。

行空分別看了叮叮和咚咚一眼後才答："我們原來住的星球氧氣很少，想靠那點兒氣體存活根本不可能，所以我們的祖先很早以前便在身體裏安裝了轉換器，意思是我們也是吸二氧化碳長大的。"

這實在太不可思議了，馬力和葛家人同居這麼久，竟然不知彼此吸入的氣體完全不相同。

"孩子們，"方臉大叔轉而面對他們，看來已經交流完畢，"地心人說洞裏可能有地球軸心。"

"可能？意思是他們也不確定？"叮叮問。

"他們是不確定，不過也八九不離十，因為除了這裏，其他地方他們都去過，沒發現我們所描述的東西。"

馬力望著遠去的身影，問："地心人怎麼不進去？"

悲傷阿姨答他們是冷血動物，體內沒有自身調節體溫的機制，如果冒然進入溫差特別大的區域，會有生命危險。

"可是……"

馬力一開口，十隻眼睛齊刷刷對準他。

"可是裏面那麼冷，即使我們是恆溫動物，也支撐不了多久。"他說。

方臉大叔沉思一會兒後，同意這個擔憂是正確的，然後要大家把包裹的衣服通通拿出來讓馬力穿上。

"我穿上你們的衣服，你們怎麼辦？"馬力問。

"別擔心,"行空又推一推他的黑框眼鏡,"我們自帶電源,你忘了嗎?"

馬力沒忘,這也是他們的頭燈一直亮著的原因,但他不曉得原來自帶電源也有自暖功能,這實在太神奇了!

"穿好了嗎?"方臉大叔問馬力。

"嗯!穿好了。"

此時的馬力穿得像隻企鵝似的。

"那麼出發了!"說完,方臉大叔一馬當先跨了進去。

第70章・獅鷲

他們走到洞口,立馬感覺冷風颼颼,順著洞口下去,腳底還滑不溜秋,稍不留意很容易跌個四腳朝天,所以不得不時刻戒慎小心。等終於來到一個稍微開闊且平坦的地方,馬力一行人才算真正鬆了口氣,伴隨的還有"眼前為之一亮"。

"哇噻!這也太美了!"叮叮說,嘴巴張得老大。

沒錯,在頭燈的照耀下,他們彷彿置身晶瑩剔透的冰雪世界,到處是冰柱、冰錐、冰瀑、冰筍、冰花、冰簾……等。誰能想到小小的冰洞口內竟然是這般美輪美奐的場景?更夢幻的是,白雪皚皚中竟然還有一條璀璨的銀河。

咚咚快步跑過去，蹲下身摸了摸水，說：「這水好奇怪，像有很大的浮力。」

方臉大叔掬起一把，那些「水」立即在掌心成了一粒粒的小銀球。

「水銀！」馬力大喊，然後推開方臉大叔的手，那些小銀球立刻全往下墜落。

「你不用如此緊張，」行空推一推他的黑框眼鏡，「水銀揮發沒那麼快，何況這裏溫度低，速度就更慢了。」

馬力答再慢也別接觸，這玩意兒不是好東西！

「那裏好像有個好東西。」悲傷阿姨手指前方。

銀河的對岸也是白茫茫一片，唯獨那玩意兒閃著青光，看起來很突兀。

「讓我看看是個什麼好東西。」馬力取出望遠鏡觀察，「我看到了，是獅子和老鷹的綜合體。」

「也讓我看看吧！」行空說。

馬力把望遠鏡遞過去。

行空觀察一會兒後，答：「原來是獅鷲，我還是第一次目睹。」

"獅鷲？好奇怪的名字啊！"馬力說。

方臉大叔解釋獅鷲是希臘神話中一種鷹頭獅身且有翅膀的神獸，在古詩《獨目人》中曾經提到它們居住在斯基泰草原之中，職責是看管金礦和埋藏在那裏的珍寶，一旦有陌生人靠近，獅鷲就會將他們撕成碎片，所以也是"守護者"的象徵。

"守護者？它在冰洞裏守護什麼呢？"

咚咚問完，十隻眼睛齊刷刷望向銀河對岸，那裏會不會暗藏地球軸心？

想知道答案，唯有渡河，可是該怎麼渡過這麼一大片由水銀形成的河流呢？

此時行空蹲在地上，樣子像在畫畫。

"你在畫什麼？"馬力問。

"我不是在畫畫，而是在計算。假設一個成年人的體重是60千克，兩隻腳掌的面積為150平方厘米，那麼腳承受的壓強 = $60 \times 1000 / 150 = 400$ 克/cm²。水銀的密度是固定的，即 $13.6 g/cm^3$，也就是說雙腳踩在水銀上的壓強=雙腳踩在水銀上所產生的浮力 = $13.6 \times 150 = 2040$ 克/cm²，它大於腳承受的壓強400 克/cm²，所以不會沉。既然一個60千克體重的成年人不會沉，那麼小孩就更不會了。"

聽完，馬力佩服得五體投地。

"那好，我們通通踩著水銀到對岸去。"方臉大叔說。

第71章・金蛋

要想踩著水銀過河並不容易,那感覺像走在彈簧床上,而這張彈簧床又置於波濤洶湧的水面上,其狼狽可想而知。

好幾次馬力差點兒跌入水銀河裏,如果不是悲傷阿姨多次伸出援手,他早栽進去了。

叮叮是第一個上岸的人,咚咚緊隨其後,然後是行空、方臉大叔,最後才是馬力及悲傷阿姨。

"叮叮,別碰!"方臉大叔喊。

然而為時已晚,叮叮的小手已經順著獅身往上摸。

"爸，你太緊張了，這只是個雕像而已，我找找哪裏有機關。"她說。

"看！我還騎上了，Yahoo!"咚咚炫耀著。

悲傷阿姨要她趕緊下來。

咚咚下到一半，原本坐著的獅鷲突然站了起來，害她又重新回到獅背上。

"叮叮，妳做了什麼？"馬力問。

"我……我什麼也沒做，只是摸了它的鷹嘴而已。"她頗感委屈地答。

"快看！"行空喊，"獅身底下竟然藏著一隻雞，還是活的。"

咚咚快速從獅背上跳下，和他們一起觀看。這隻雞的羽毛像雪一樣潔白，胖嘟嘟的身軀好比氣球，而且眼看越來越鼓。

"她是不是快生了？"咚咚問。

她的姐姐擊了一下她的頭，答："什麼快生了？哪那麼湊巧？"

咚咚很洩氣地說她以為有雞蛋可以吃。

談到吃，喚醒了大家飢餓的腸胃。

"咱們把雞帶走吧！待會兒可以烤來吃。"悲傷阿姨說。

有烤雞可吃，孩子們齊聲歡呼起來。

馬力伸手過去，剛把雞抱入懷中，獅鷲的鷹嘴就來到，如果不是迅速扔雞逃跑，他大概已經皮開肉綻了。

"這太奇怪了！"行空推一推他的黑框眼鏡，"雞回到原位後，獅鷲又一動也不動了。"

叮叮不信邪，表示讓她試試，結果如出一轍。

"看來獅鷲是雞的守護者，可是我看不出這隻雞有什麼特別之處，除了肚子大點兒外。"

咚咚問完，十隻眼睛齊刷刷望向母雞圓滾滾的肚子，那裏會不會暗藏地球軸心？

想知道答案，唯有剖開雞肚，可是該怎麼躲避獅鷲的鷹嘴又能全身而退呢？

他們七嘴八舌地討論，直到一枚鴕鳥蛋大小的金蛋滾到方臉大叔的腳邊停下。

"這是什麼？"馬力彎腰拾起，"莫非……"

十二隻眼睛齊刷刷望向那隻雞，它原本胖嘟嘟的身軀現在已經消瘦不少。

"哇！有蛋可吃了。"咚咚鼓掌。

她的姐姐又擊了一下她的頭，答："笨哪！黃金是用來吃的嗎？"

咚咚撫摸自己的腦殼，很委屈地說："人家餓了嘛！"

方臉大叔笑說這個時候雞蛋比黃金有用，後者雖然值錢，但不能治肚餓。

悲傷阿姨默默接過金蛋，用手指敲了敲，然後殘忍地宣佈這不是一枚黃金蛋，而是金色的蛋，更糟的是裏面沒有蛋液。

"哈！原來是個外表騙人的空心蛋。"馬力說。

"我不同意蛋是空心的，光聽聲音就知道裏面有料。"行空說。

"即使有料又怎樣？媽已經說不是蛋液。"叮叮說。

"我想吃蛋……"咚咚說。

方臉大叔要大家通通稍安勿躁，等出了冰洞就知道裏面有什麼。

馬力問為什麼要等到那時候?現在就可以砸開金蛋一探究竟。

"我怕……"方臉大叔抬頭望向獅鷲。

"我知道了。"馬力答。

第72章・金蛋熔化之後

叮叮的手腳最靈活,於是運送金蛋的工作就交給她。馬力以為她會把蛋放進包裹,結果卻頂在頭上。

"叮叮,這太危險了,萬一掉下來怎麼辦?"方臉大叔說。

"不會的,就算掉下來,依據水銀的特性,它也沉不下去,何況我的平衡感很好,你們就放心吧!"她信心十足地答。

首先下到水銀河的依舊是方臉大叔,殿後的也依舊是悲傷阿姨,只是行空和馬力的位置對調,因為來時路上馬力好幾次差點兒跌跤,需要悲傷阿姨隨時在側,好適時拉他一把。

這條"銀河"的寬度約一百米，正常情況下，十分鐘內能走完，但走到接近3/4時，骨牌效應發生了（幾次"搖擺不定"的馬力再一次傾斜，只是這次悲傷阿姨沒抓牢）。如果不是為首的方臉大叔夠挺拔，估計也會倒下。

孩子們雖然免於栽進水銀裏的窘狀，但叮叮頭上的金蛋卻遭殃了，更糟的是跌進"銀河"裏的蛋殼開始熔化，冒出陣陣白煙。

"快跑！"行空大驚失色，"水銀一旦蒸發成汞蒸氣會有巨毒。"

眾人開始慌亂逃跑。

馬力的平衡感最差，悲傷阿姨二話不說將他扛起，一直跑到冰洞口外才停下。

"悲⋯⋯巫阿姨，謝謝妳！"馬力驚魂未定地說。

"你是該道謝，我全身濕透了。"她坐在地上大喘氣。

叮叮沒忘了她的金蛋，問這下該怎麼辦？

"等毒氣散了再回去拿，如果它還在的話。"方臉大叔無奈地答。

"不用那麼麻煩，它已經在我手上。"說完，馬力將手攤開，裏面是一個手榴彈造型的石頭。

"你什麼時候撈起的？"悲傷阿姨問。

"妳把我扛在身上時，我一伸手就夠著了。"馬力答。

方臉大叔撿起馬力手中的石頭，邊觀察邊說："這是個隕石，有明顯的做工痕跡。"

"誰做的？"咚咚問。

"不知道，如果知道就好辦了，至少還有頭緒……"

方臉大叔還没答完，被悲傷阿姨拉了一下衣袖，原來地心人出現了，還給他們帶來飲用水和膠囊。

趁著大人們在"交流"，叮叮壓低聲音問："爸爸為什麼把石頭藏在身後？"

"噓～別說了。"馬力使了個眼色答。

待地心人走遠，叮叮舊話重提，方臉大叔答："我直覺認為這個東西和地球軸心有關，或者它本身就是地球軸心。如果讓地心人知道了，我害怕會失去它。"

這個擔心不無道理，畢竟他們認識地心人沒多久，留個心眼也好。

"今天就到此為止，大家都累了，吃完東西準備入睡吧！"悲傷阿姨說。

所謂的食物指的是膠囊。

想到又要"服藥"，孩子們哀嘆聲連連，但也知道別無選擇，只能委屈吞下。

第73章・意外的訪客

馬力張開眼,看到一雙鏡片後的小眼睛正盯著自己。

"你幹嘛?"馬力問。

"告訴你,我好像知道那個手榴彈造型的東西是幹什麼用的。"

"幹什麼用的?該不會裏面真的有炸藥吧?!"

"那倒沒有,嗯……我猜應該沒有。"

馬力笑了,他坐起身來,把行空手中的隕石拿過來把玩。

"別轉彈體,誰也不知道轉了之後會不會天崩地裂。"

這個彈體有四層，像魔術方塊一樣，可以左右移動（但不能上下移動）。

既然行空提醒，馬力不敢造次，把注意力轉向其他地方。

"也別按小帽，誰也不知道按了之後會不會天崩地裂。"

這個彈體的上方有個小帽，貌似引信可以往下壓，既然行空再次提醒，馬力同樣不敢造次。

"算了，"他把隕石還給行空，"這個不能，那個不許，太無趣了，你自己玩吧！"

行空喃喃道："這不是用來玩的，它隱藏著一個秘密，只是我還不知道如何破解。"

"等你知道了再告訴我。"馬力說。

"好吧！"行空答完，又開始研究起這個巴掌大的東西。

他倆談話完畢，陸續有人爬起。

"方……葛叔叔，我們待會兒要幹啥？"馬力問。

"地心人說等我們休息夠了，會帶我們參觀他們的住所。"

馬力興奮極了，歷史上還沒有文獻記載地心人（揣測倒是有），沒想到他們不僅親眼目睹，還被邀請參觀住所，這種機會簡直千載難逢！

"我不去。"行空說。

"為什麼不去？"悲傷阿姨問。

行空答他想研究手上的東西，如果去了，肯定得把東西藏起來，那就做不了研究了。

馬力想不透為什麼會有人醉心研究？這世上有趣的事物不少，隨便撿一件也比研究石頭有意思多了。

"還是去吧！不然不禮貌。"方臉大叔說。

然而等來等去沒等來地心人，倒是出現了一個意外的訪客。

"這不是那隻雞嗎？它該不會是來索蛋吧？！"叮叮問。

"蛋殼早熔化了，莫非它為了隕石而來？"咚咚答。

此話一出，十隻眼睛齊刷刷望向行空，行空立馬把隕石藏在背後。

哪知"螳螂捕蟬，黃雀在後"，悲傷阿姨一把抓住雞。

"哈！抓到了，"她露出難得的笑容，"待會兒烤雞給你們吃。"

叮叮和咚咚舉手歡呼，其他三位男性卻持不同的意見。

"還是不要吧！怪可憐的。"馬力說。

"這隻雞挺漂亮的，吃了可惜。"方臉大叔說。

"別殺它，也許它能破解秘密。"

行空所謂的秘密指的是那個手榴彈造型的隕石。

悲傷阿姨看了看手中毫無掙扎的雞，說："如果它真能破解，那就暫且不吃它。"

第74章・拜訪地心人

悲傷阿姨放開雞。

那隻雞下地後彷彿領導在做巡查工作,樣子很威嚴,態度卻是悠閒的。當它來到行空跟前,一躍上到他的肩膀上,怎麼趕也趕不走。

"看來它喜歡你。"馬力說。

"可是這樣我要如何做研究?"

"你不是說也許它能破解秘密嗎?何不問問它?"

"也對。"

行空把背後的隕石拿出來,那隻雞用尖尖的喙在彈體上啄了好幾下,點擊和停歇之間很有規律。

"它是不是想告訴我們什麼？"叮叮問。

方臉大叔說他也有同感，這讓他聯想起電碼，就是情報人員之間的神秘文字。

"咦！雞怎麼飛走了？"咚咚問。

毫無預兆的，雞突然拍拍翅膀飛走了。

"飛走就飛走，我好害怕它在我身上拉屎。"行空說。

緊接著他們同時都聽到轟隆轟隆的聲音，原來地心人開車來接他們。

"好特別的車，竟然是懸空的。"行空又說。

"快把東西藏好。"馬力壓低聲音提醒。

行空立刻照辦。

等大人們交流好後，他們一一上車。車子開進一條深邃的岩盤隧道，高約4～5米，有寬闊筆直的通道和塗著釉面的牆壁（上面有壁畫及符號），偶見精緻的岩石門洞，每隔一定距離還會出現一個通風井，可見地心人也留意到空氣對流的重要性。

兜兜轉轉後，他們來到一個相對開闊的區域。下車後，眼前是一個個井然有序的洞窟，顯然地心人就住在裏面，只是……

"他們知不知道自己好有錢？"叮叮問，嘴巴張得老大。

"大概不知道，在他們眼裏，寶石、白玉、黃金……俯拾皆是，跟石頭差不多，否則也不會用它們來鋪地及裝飾洞窟。"咚咚答。

馬力同意咚咚說的，礦石不也是石頭？它的不菲身價是人類賦予的。

趁大人們又在"交流"，馬力問行空哪裏去了？

"方才牆上不是有奇奇怪怪的畫和符號？行空說他回去再看個仔細。"叮叮答。

"那我也跟過去瞧瞧。"

叮叮揮揮手，然後跟妹妹一起對眼前的"珠光寶氣"品頭論足起來。

第75章·奇怪的數字

"行空,你在看什麼?"馬力問。

他指著壁畫,說:"這個像不像金蛋裏的東西?"

馬力定眼一瞧,答:"哪裏像?根本就不像好嗎?"

行空推一推他的黑框眼鏡,要馬力再看仔細點兒,這是平面解剖圖,不能從3D的視角來觀察。

經行空這麼一提醒,馬力改從2D角度看,果然很相像。

"所以呢?"馬力問。

"這彈體有四層,從小帽突起處依順時針方向從左向右展開成為一個平面,每層各有10格。"行空往右跨兩大步，指著另一個牆面，"你再看這個，從左向右寫著。~9十個數字，所以我大膽假設這個彈體像個數字鎖，共分四層，每層從左至右依序為0~9。"

"哪來的數字？"馬力笑了，"不過是一堆零亂的符號而已。"

行空答這是高度文明生物所通用的數字，難怪他看不懂。

一句話就把馬力給貶低了。

"我的確没你聰明哈！"他嘆了口氣答。

"你別誤會，我只是陳述事實而已。"

"我没誤會，你的確聰明。如果真如你所說這是個數字鎖，那麼鎖住的又是什麼？"

"這個我還不清楚。"

馬力突然想起那隻雞，它曾用尖尖的喙在彈體上啄了好幾下，點擊和停歇之間很有規律，莫非……

行空恍然大悟，喃喃道："那隻雞肯定想告訴我們什麼，可惜我没記住點擊的位置，如果它能再度飛來就好了。"

話甫歇，他倆同時聽到翅膀拍擊空氣的聲音，由遠及近。

"哈！你真的回來了。"行空很是興奮。

那隻雞在空中盤旋一會兒後，又落在行空的肩膀上。

"好了，雞回來了，你倆開始工作吧！"馬力催促著。

於是行空對雞說："你之前是不是想告訴我什麼？能再做一次嗎？"

那隻雞彷彿能聽懂，重複之前做過的動作。

"　　14-11-2016-14-11-2016-14-11-2016……"行空邊看雞喙落下的位置邊唸出數字。

"顯然這隻雞一直重複數字。"馬力說。

"我也這麼認為，只是這些數字代表什麼呢？"

"誰知道？"

不一會兒，窸窸窣窣的聲音傳來。

"我就說你們在這裏……咦！雞回來了？"叮叮的眼睛發亮。

"嗯！剛飛來没多久，其他人呢？"行空問。

"在洞窟裏。對了，地心人留我們過夜，媽要我帶你們過去。"

馬力有個疑問，這裏黑漆嘛烏的，如果没有頭燈，伸手不見五指，又怎知現在是夜裏？

"來時路上不是有通風井？光聞風的味道就知道現在已接近午夜。"叮叮答。

馬力望向行空，他點頭，可見這是事實。

"哎！我承認没你們厲害。走吧！我也累了，正好睡上一覺。"馬力說。

第76章・陷入兩難

"又是膠囊,能換點別的嗎?"這是叮叮的聲音。

"換別的,還是膠囊,非常時期,妳就別抱怨了。"這是悲傷阿姨的聲音。

"妳看白雪都沒抱怨,還吃得很香。"這是行空的聲音。

"誰是白雪?"馬力邊揉惺忪的雙眼邊問,再睜眼時,十二隻眼睛齊刷刷對準他(其中兩隻是雞眼)。

"你說這裏誰像白雪?"叮叮反問。

叮叮不像(所以她的雙胞胎妹妹也不像)、行空不像、悲傷阿姨不像、方臉大叔不像……現在就只剩下一個。

"問雞的意見没？也許它不喜歡這個名字。"馬力答。

"誰說的？我看它挺喜歡的。"叮叮向它招手，"白雪，來我這裏。"

雞聽而不聞，一動也不動。

"白雪，來我這裏。"行空一喊，雞立刻拍拍翅膀飛上他的肩膀。

"看來你有了一隻寵物雞，這下子没烤雞吃了。"馬力唉聲嘆氣。

"吃了它多可惜。"行空拍拍雞身，那隻雞咕咕咕地叫著，似乎同意他說的。

没雞可吃，馬力每吃一個膠囊就幻想吃的是雞腿、雞翅、雞脖子、雞屁股……忘了當初自己曾經阻止"女性們"殺了這隻雞。

"待會兒地心人會開車載我們到更遠的地方尋找地球軸心。"方臉大叔宣佈。

"我以為我們已經找到了。"馬力說。

"在哪裏？"兩個大人外加俩姐妹齊喊。

馬力問行空："難道你没告訴他們有關數字鎖的事？"

行空答那不過是猜測而已，然後把事情簡單陳述一下。

"你讓雞再表演一次。"叮叮興奮地說。

"為什麼？"行空問。

"想再次確認嘛！"

結果那隻雞馬上打臉。

"奇怪！昨天明明是14-11-2016，怎麼今天是15-11-2016？"行空自言自語。

"有什麼好奇怪的？多了一天嘛！"咚咚答。

此話一出，彷彿黑暗之中出現了曙光。

"今天是幾月幾號？"行空問。

"年份是2016年沒錯，至於月份……現在差不多是11月了。"馬力答。

"難道雞要告訴我們日期……不對，"行空的眼睛突然發亮，"它要告訴我們如何輸入日期，也就是先日，再月，最後才是年份。"

方臉大叔問輸入日期又如何？

行空推一推他的黑框眼鏡，答："傳說只要找到地球軸心就可以獲得神奇的力量，還可以掌控時間，成為整個地球的主宰。"

"這麼說，我們可以回到過去了。"悲傷阿姨的聲音突然高八度，"天哪！趕緊把時間轉到馬爾星爆炸前，如此一來星球上的所有人都不會死。"

馬力心想一年前他和爸媽還過著歲月靜好的日子，如果真的能回到過去，那再好不過，但是……

"如果把時間調回到一年前，馬爾星上的人也許還來得及在爆炸前逃離，但爆炸後的星體內部核反應依舊會衝擊到距離只有1光年的地球。地球人可比馬爾星人多的多，如果再加上地心人，那就更多了，造成的影響不可計量。"

馬力分析得沒錯，這讓葛家人陷入兩難。如果自私點兒，那就是捨棄地球人保全馬爾星人，但這也有個弊端，他們很可能被迫在星體間流浪，除非及時找到另一個宜居的星球，否則一旦飛行器停止運行，他們也就成了宇宙浮屍了。

方臉大叔問馬力有什麼想法？

"想法是有的，只是這個想法很自私，怕你們接受不了。"他答。

"沒關係,你說!"

於是馬力告訴他們,馬爾星爆炸已不可改變,但解救地球卻是可能的。假設傳說沒錯,那麼地球軸心除了改變時間外,尚有神奇的力量,譬如讓爆炸後的星體內部核反應轉向……

叮叮不苟同,她說如果真有神奇的力量,何不讓馬爾星不爆炸?如此一來,什麼都解決了。

"那是不可能的,"方臉大叔立刻否定,"馬爾星是一顆小行星,本身的能量不足以爆炸,它是被鄰近壽終正寢的恆星所波及。談到恆星,宇宙中的恆星皆有一定的壽命,此乃必然的現象,我不認為一個小小的地球軸心能有那麼大的力量去改變。"

"這下怎麼辦?"咚咚問。

"兩害相權取其輕,救不了馬爾星,看來我們只能救地球了。"方臉大叔無奈地答。

第77章・月圓之夜

方向決定了之後便是實際操作,依目前看,改變時間"也許"可行,但要如何擁有神奇的力量?

"白雪,妳知道如何擁有神奇的力量?"行空問他肩膀上的雞。

白雪咕咕咕地叫,然後用尖尖的喙啄了一下彈體上的小帽。

"難道壓一下即可?"馬力問,同時伸手過去,結果被雞啄了一下手背,當場哀叫一聲。

"白雪,我們不明白妳的意思,請給提示。"行空好聲好氣地說。

馬力可沒那個耐心，揚言雞再不明說，他就要把它宰來吃！

白雪也不是好惹的，張開翅膀飛撲過來，馬力立刻抱頭鼠竄，把雙胞胎姐妹給逗樂了，咯咯咯笑個不停。

行空兩個箭步上前，一把抱住生氣的雞，馬力這才免於被啄成馬蜂窩的危險。

"行，惹不起總躲得起，我離妳遠點兒。"馬力給自己台階下。

此時地心人急匆匆趕來，雖然孩子們聽不懂大人們在交流什麼，但感受到緊張的氛圍，肯定有大事發生。

果不其然，等地心人一走，方臉大叔和悲傷阿姨如同喪家犬一般。

"爸、媽，你們怎麼了？"叮叮問。

"地心人說有核輻射物質直逼地球而來，不出意外，24小時內就會抵達。他們打算往地底深處遷徙，我們只能自求多福了。"

這真是晴天霹靂！

"看來我們只能依賴妳了。"行空對白雪說。

那隻雞彷彿能聽懂，用尖尖的喙在彈體小帽上啄了好幾下，點擊和停歇之間很有規律，緊接著彈體的尖端部位便開始龜裂。

"完了，這下要怎麼回到過去？"悲傷阿姨說，可見她還是想回去。

等彈體龜裂到根部後，白雪開始啄裂縫處，沒多久，一個小香腸似的東西便橫空出世。

"上面還有圖案，像是使用說明書。"行空仔細察看小香腸上的圖案，"如果我猜的沒錯，應該是月圓時將它對準南向天空。"

馬力探頭過去，問他是否在看圖說故事？

"我的猜測其來有自。瞧！這些都是南天星座，很小，因為距離遠，而這個相對大很多，所以我猜是最靠近地球的月亮，而依據形狀判斷，正是月圓時分。"

方臉大叔喃喃道："今天是15號，雖然農曆已是16號，但月亮依舊是圓的，時間上應該來得及。"

叮叮問來得及幹嘛？

"來得及上到地面看圓月。"方臉大叔答。

第78章・解救地球

靠著羅盤的幫忙，他們回到那個被綠植覆蓋的洞口。從洞口往外看去，那輛久違的房車已經被鋪上一層厚厚的風沙。

"終於回到地面了。"叮叮把頭燈取下，接著仰天，"好多星星啊！獨不見月亮。"

今晚是月圓之夜，可惜它的姣好面容被雲層給遮擋住了。

他們走向房車，在悲傷阿姨的一聲令下，開始做起清潔工作。不一會兒的工夫，房車已經光亮如新。

"車內還有食物，我隨便煮煮，想喝茶的舉手。"

悲傷阿姨說完，五隻手舉起。

"媽，能不能也給白雪準備點兒食物？"行空問。

這隻雞沿路跟著他們，像已經融入這個家庭。

"沒問題，待會兒我扔一根玉米給它啃。"悲傷阿姨答。

吃飽喝足後，他們一行六人全躺在地上仰望星空，月亮仍被雲遮住了臉龐。

"核輻射什麼時候到？"馬力問。

"不知道。對了，"行空一躍而起，"我得把這根小香腸對準南方。"

馬力建議他使用他父親的羅盤。

行空答不用麻煩，這裏雖然看不見南天星座，但北極星正亮著，它的相反方向便是正南。

"你能別這麼聰明嗎？我已經無地自容了。"馬力說。

行空笑而不語。

馬力的目光重新回到星空，腦海裏卻是萬馬奔騰。如果今晚那根小香腸沒起到作用,注定明天的地球將萬劫不復,到時還會像現在一樣平靜嗎?

不,現在也不平靜,至少馬力的內心正波濤起伏著。

"不知爸媽現在在哪裏,如果到死也沒能見上一面,那多可悲!"馬力想著,不禁悲從中來。

"咕嚕咕嚕......咕嚕咕嚕......"白雪突然仰天長叫。

馬力正要調侃雞的聲音變了,剎那間眾星全黯淡下來,彷彿蝗蟲過境,遮住了夜空。

"看!月亮出來了。"叮叮喊著。

當星星的光芒漸弱時,遮月的雲朵卻剛好散去,這實在太奇怪了!

"不對,"方臉大叔很是驚慌,"快!躲進房車內。"

他們先後上車,包括那隻咕嚕咕嚕叫著的雞。

"好詭異呀!"馬力趴在車窗上,"怎麼天色說變就變?"

已是深夜，原本黑色的夜空卻開始染上血色。

"怕是世界末日就要來到，"方臉大叔發動引擎，"孩子們，繫好安全帶。"

他們全繫上，心中很忐忑，偏偏那隻雞還咕嚕咕嚕叫個不停。

"能讓你的雞閉嘴嗎？"馬力沒好氣地說。

行空推一推他的黑框眼鏡，答："也許它想告訴我們什麼。"

此話一出，有個橙色的光亮影子快速衝向天空。

"那是什麼？"叮叮問。

無人回答。

接著又有另一道紫色亮光劃過南邊天際，不一會兒，大範圍的強光降臨，持續了好幾秒鐘。

待光亮漸去，馬力睜眼，發現黑色天幕又出現璀璨的星星及一輪皎潔的明月，此時雞也不叫了。

"核輻射終於轉向了……"方臉大叔說完，長吐一口氣。

"你如何知道？"馬力問。

"哈！忘了你的眼睛構造不同。"他熄了引擎，轉頭向後，"告訴你，方才射向天空的橙色及紫色亮光在地球大氣層處形成了一個保護膜，核輻射物質無法穿透，現在已經分散各處。換言之，地球安全了。"

地球安全了？馬力感覺很不真實，好半天說不出話來。

"爸，那道紫色光芒來自何處？我知道肯定不是小香腸起到的作用。"行空問。

方臉大叔取出羅盤，一番操作後，答："西經$75°50'55''$，南緯$9°11'24''$。當然，誤差還是會有的。"

行空又推一推他的黑框眼鏡，說："原來是亞馬遜雨林啊！"

馬力一頭霧水，難道亞馬遜雨林也有地球軸心？

方臉大叔答有沒有地球軸心不知道，但肯定有人也試著解救地球。

誰會解救地球？難道……

馬力望向南方天空,情不自禁地想起自己的父母。

《未完待續》

【看不夠嗎?B杜的《馬力歷險記2之黃金國》正等著您,以下是前三章,先睹為快。】

《馬力歷險記 2 之黃金國》

第1章・郵差送信來

從西藏回來後,馬力的心情悲喜交織,喜的是地球終於免受核輻射所帶來的傷害;悲的是他的父母到現在還下落不明。

葛家人同樣悲喜交織,喜的理由和馬力如出一轍,悲的是他們已經在地球上待了有一年,如今馬力的父親依舊杳無音訊,代表他們得繼續待著,這不是他們想要的。

"孩子們,好久不見,聽說你們完成任務了,恭喜!"巫老師說。

再度看到那張甜美的笑臉,對於心有遺憾的馬力來說,不無小補。

"哎~"孩子們先後嘆氣。

"怎麼是這個反應？我以為你們會開心地歡呼起來。"

行空推一推他的黑框眼鏡，答："馬力的父母還是不知所終。"

"噢！可憐的孩子。"說完，巫老師過來擁抱馬力。

幸福來得太快，馬力還來不及享受這個過程，女神就放開他，只留下淡淡的香水味，像混合了蜜柑和海洋的氣息。

"你們有誰能告訴我這次任務都經歷了什麼？"巫老師問。

於是四個孩子你一言我一語地爭相告知，不論當時有多麼驚險，現在說起來卻樂多於苦。

馬力終於明白為什麼馬爾星人會這麼熱衷完成任務，原來那是一個奇妙的過程。

"這麼說，同一時間裏也有人在南半球試著解救地球，"巫老師喃喃自語，"他們究竟是誰呢？"

"馬力以為是他的父母。"叮叮說。

"誰讓妳多嘴？"馬力怒目相視。

"難道不是？"

馬力的確這麼想，但沒有任何徵兆顯示那是他的父母所為，他很害怕這是自己一廂情願的想法，同時也不高興有人讀出他的心思。

"當然不是。"他假裝信心滿滿，"我父母應該離我不遠，他們沒多久就會回來。"

"都一年了，要回來早回來了。"咚咚說。

話說得沒錯，但聽在耳裏很不舒服，彷彿預告他的父母已經遭遇不測，要不就是不要他了。

"我說他們一定會回來，你們怎麼就是聽不明白？"馬力嘶吼完，衝出教堂。

他以為巫老師會出來找他，結果沒有。這正好，他需要時間和空間獨處一下。

此時小教堂外天朗氣清、惠風和暢，一切是那麼的美好。突然，一個白色的動態影子朝他而來，由遠及近。

"早！"剎車聲響起。

說話的是一名年輕郵差，身上無一不白，白色的制服、白色的帽子、白色的單肩包、白色的自行車⋯⋯等，連膚色也偏白（馬力以為在烈日下送信的郵差都有一張黝黑的臉，像包公一樣）。

"你長得不像郵差。"馬力說。

"你的確觀察入微，我以前待在醫院裏。"

"你是醫生？"

"不是，我是病人。幾個月前醫生告訴我時日無多了，我心想還沒好好看一下世界就走到終點，未免可惜？於是離開醫院投入工作，沒想到身體狀況反而好轉。我猜是每天騎自行車的緣故，畢竟增加了體力及肺活量。"

他不說，馬力不會以為這個男人曾經病入膏肓（除了蒼白的臉色有點兒不尋常外）。

"你現在還吃藥嗎？"馬力問。

"吃，所以臉色不太好看。我打算以後漸漸少吃，看效果會不會好一些。"

馬力很想告訴他吃藥好得快，但再想到他離開醫院後反倒健康，說不準就是吃藥給吃壞的，不是說藥都帶三分毒性嗎？

"祝你早日康復！"馬力對他說。

"謝謝！"郵差拿信當扇子揮，"這裏怎麼突然變熱了？上禮拜還冷風颼颼的。"

已經11月份，也該有入冬的樣子，但馬力無法告訴他眼前的變化乃因馬爾星人而起，為的是讓居住地更像那四季如春的故鄉（不過這倒間接證明當葛家人和馬力不在時，巫老師又讓此地恢復原來的樣子）。

"我也不清楚。對了，你手中的信是給誰的？"

"給巫咘咘的，你認識她嗎？"

"認識，她是我的老師。"

"原來是老師，我還以為她是教堂的工作人員。"他看了一眼手中的信，"你能把信轉交給她嗎？"

馬力回答沒問題，緊接著問有沒有馬力的信件？

"馬力？"他翻看一下白色單肩包，"沒有，倒是有葛立的信件，他就住在不遠處。"

馬力告訴郵差，自己也住在那棟像廢棄工廠的屋子裏。

"我記住了,如果有你的信件,我一定會投到橡樹信箱裏。"

葛家屋前有棵橡樹,它的腰際曾被啄木鳥啄了個大洞,後來悲傷阿姨把它裝飾起來當信箱,不仔細看可能看不出來,但郵差是知道的。

"謝謝!祝你今天送信愉快。"馬力說。

"也祝你今天學習愉快。"他答。

第2章・那個人

巫老師來喚馬力進去吃飯時,他把信件交給她。

"那個人有沒有說什麼?"巫老師問。

"那個人?"馬力想了想,"噢!妳指郵差。他說天氣熱,還問我認不認識妳?"

"就這樣?"

馬力又想了一想,才答:"他以為妳是教堂的工作人員,沒想到是老師。"

此時巫老師問他對"那個人"的看法。

"除了由病人變成郵差的經歷頗為傳奇外,我看不出他和別人有什麼不同。"

"是嗎？我感覺他挺特別的，不笑的時候很憂鬱；笑起來又很治癒。還有，他的聲音特別有磁性，語速也剛剛好。"

馬力不記得郵差有沒有對他笑，但聲音倒是記得，就是很一般的聲音。

"世界上有很多郵差，而且流動率還滿大的，我以前住的地方一年總要換上幾個。"他說。

"真的嗎？"巫老師突然眉頭深鎖，"也許下次我問問他有沒有換工作的打算。"

馬力心想這未免也太小題大做了？就算"那個人"換工作，日後自會有人頂替上，沒什麼大不了的。

雖然內心不以為然，但他仍言不由衷地答："也好。"

第3章・白馬王子

晚餐桌上,馬力問方臉大叔:"你今天收到信了嗎?"

"收到了,是市政府寄來的,說這裏要規劃一個大型的動物園,讓我們及早搬離。"

這真是突如其來的壞消息!

"我不搬!"叮叮說。

"我也不搬。"咚咚說。

"我……看爸媽怎麼決定。"行空說。

方臉大叔和悲傷阿姨互看一眼後,表示他們也不搬。

葛家人全是外星人，不怪他們不了解情況，但馬力是地球人，他認為有必要普及一下這裏的規定。

"咳、咳、"他刻意清一清喉嚨，"是這樣的，一旦給了公函，代表這事已經定了，沒得商量。"

"建動物園需要土地，既然這塊地已經被我買下，就屬於我的私人財產，我說了算。"方臉大叔一臉淡定地答。

馬力問買地是什麼時候的事？

"今天下午一收到信我就聯繫地主，他本來不想賣，說已經跟市政部門做了口頭協議，於是我把價錢往上翻了兩翻，他就簽字了。"

馬力想起每當月圓時都會送金銀珠寶來的羊駝，此次離家三、四個月，想必已經攢下不少價格不菲的寶貝，否則拿什麼買地？

"這下子市政府的人恐怕要不開心了。"馬力有感而發。

"動物本來就不應該被圈養起來，讓它們在大自然裏奔跑豈不更好？"悲傷阿姨說。

道理馬力懂，但動物園好像是每個國家的標配，它是親子活動的最佳場所。馬力還記得小時候跟父母一起參觀動物園的情景，那真是一段美好的回憶……

"對了，你怎麼知道我今天收到信了？"方臉大叔問馬力。

"早上我見到郵差，他告訴我的。"

咚咚立刻插嘴："原來你見到巫老師的白馬王子了。"

馬力要咚咚別亂說話，不是所有穿白衣服的人都是王子。

"穿白衣服的人的確不一定是王子，但這個是。"

雖然咚咚十分肯定，但馬力還是不相信，於是咚咚要他親自去問當事人。

"我會的，明天一早就問！"馬力賭氣地答。

作者介紹

在異國的背景下加入纏綿悱惻的愛情故事是B杜小說的一大特點，她的文筆清新、筆觸詼諧、畫面感很強，讀完小說有種看完一部愛情偶像劇的感覺，特別適合懷春少女及對愛情有憧憬的女性閱讀。

另外，B杜還創作了馬力歷險記、極短篇故事集等作品，歡迎關注。

ALSO BY B杜

《马力历险记 1 之地球轴心》（简体字）The Adventures of Ma Li (1): The Time Axis (simplified character version)

《東瀛之愛》Love in Japan

《法蘭西情人》Love in France

《英倫玫瑰》Love in England

《愛在暹羅》Love in Thailand

《情定布拉格》Love in Prague

《獅城情緣》 Love in Singapore

《愛上比佛利》 Love in Beverly Hills

《新西蘭之戀》 Love in New Zealand

《夢回楓葉國》 Love in Canada

《早安,歐巴》 Love in Korea

《迪拜公主的秘密情人》 Love in Dubai

《情迷摩納哥》 Love in Monaco

《我在蘇黎世等風也等你》 Love in Switzerland

《馬力歷險記 2 之黃金國》 The Adventures of Ma Li (2) : Eldorado

《B杜極短篇故事集 (1～100)》 A Word to the Wise (Tales 1～100)

《B杜極短篇故事集 (101～200)》 A Word to the Wise (Tales 101～200)

www.ingramcontent.com/pod-product-compliance
Lightning Source LLC
Chambersburg PA
CBHW021139080526
44588CB00008B/126